U0610031

澳门教育史研究丛书

总主编　单文经

MR KONG PENG IAN
AND
MACAU EDUCATION

郑振伟 编

邝秉仁先生与澳门教育

中国社会科学出版社

图书在版编目(CIP)数据

邝秉仁先生与澳门教育/郑振伟编. —北京：中国社会科学出版社，2009.9
ISBN 978-7-5004-8125-6

Ⅰ.①邝… Ⅱ.①郑… Ⅲ.①邝秉仁—访问记②教育史—澳门—文集 Ⅳ.①K825.46②G527.659-53

中国版本图书馆CIP数据核字(2009)第158258号

责任编辑 史慕鸿
责任校对 刘 俊
封面设计 王 华
技术编辑 李 建

出版发行 中国社会科学出版社
社 址 北京鼓楼西大街甲158号 邮 编 100720
电 话 010—84029450(邮购)
网 址 http://www.csspw.cn
经 销 新华书店
印 刷 北京君升印刷有限公司 装 订 广增装订厂
版 次 2009年9月第1版 印 次 2009年9月第1次印刷
开 本 650×960 1/16
印 张 11.75 插 页 11
字 数 143千字
定 价 28.00元

凡购买中国社会科学出版社图书，如有质量问题请与本社发行部联系调换

邝秉仁先生于2007年1月26日出席澳门教育史文献资料展

培正口琴会

1947 年 6 月澳门培正幼稚园第二届毕业生留影

培正小学校的童军合照

1948 年 1 月冯棠校长到澳门分校视察

1949 年培正 60 周年校庆

培正青年会第 31 届董事顾问职员合照

第二届校际篮球赛女子组冠军队队员

1952 年培正筹筑新校舍校董与全体教职员合影

1959 年培正 70 周年校庆

1959—60 年度毕业典礼

1960 年澳门培正同学会执委（后排：林添富、李元、熊启欣、黄宗炜、周适荣；前排：邝秉仁、梁寒淡、冼永就、刘明新）

1965 年幼稚园毕业典礼

1977 年培正大楼动土

同事旅行，摄于60 年代

位于贾伯乐提督街的培正校门

娱园

昔日的澳门培正初小校舍

二龙喉分教处

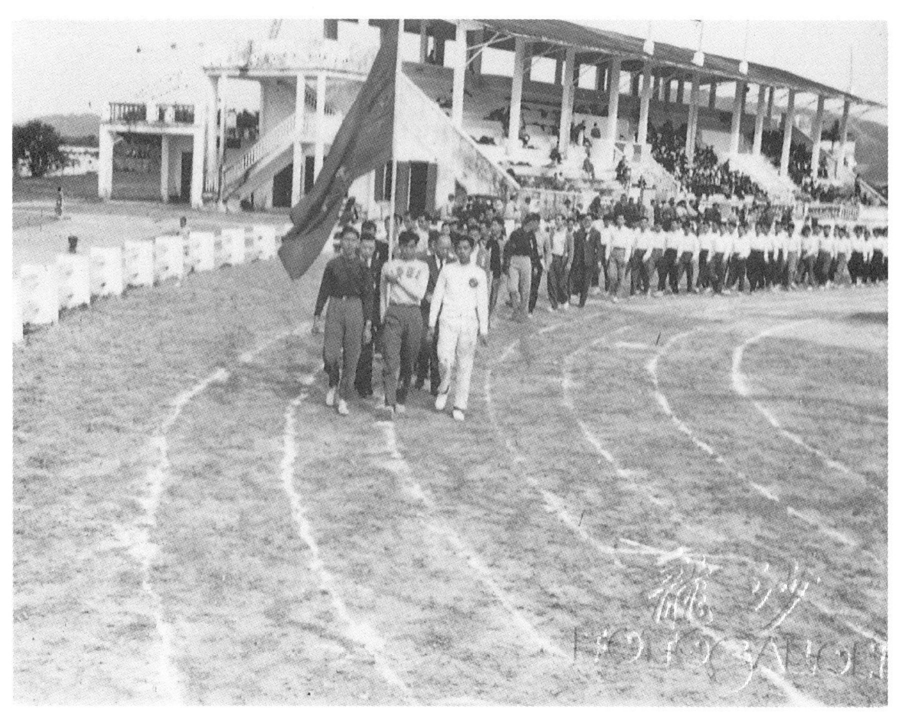

1953 年 12 月在澳门莲峰球场举行校运会

高士德马路的正门（1959 年 70 周年校庆）

1969 年 80 周年校庆的校园活动

昔日用作课室的单层砖屋

昔日的校园

昔日的幼稚园游戏场

1953 年落成的两层楼课室

1949 年 60 周年校庆的节目横额

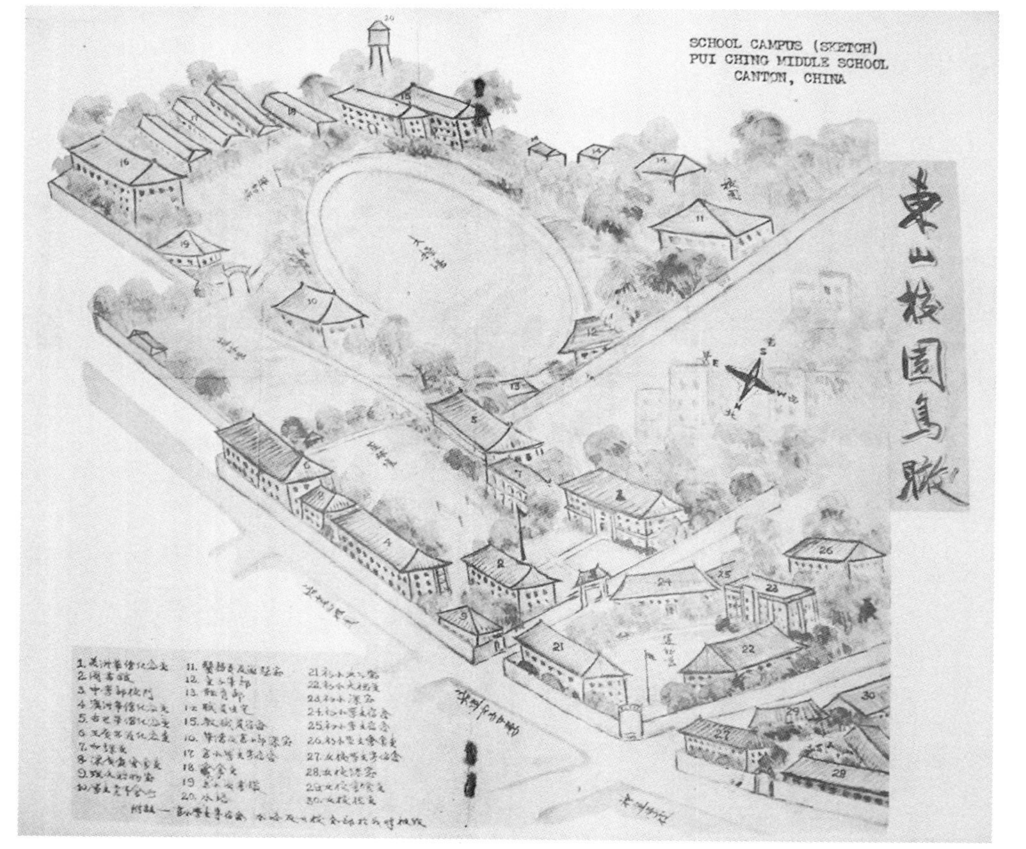

广州培正东山校园鸟瞰图

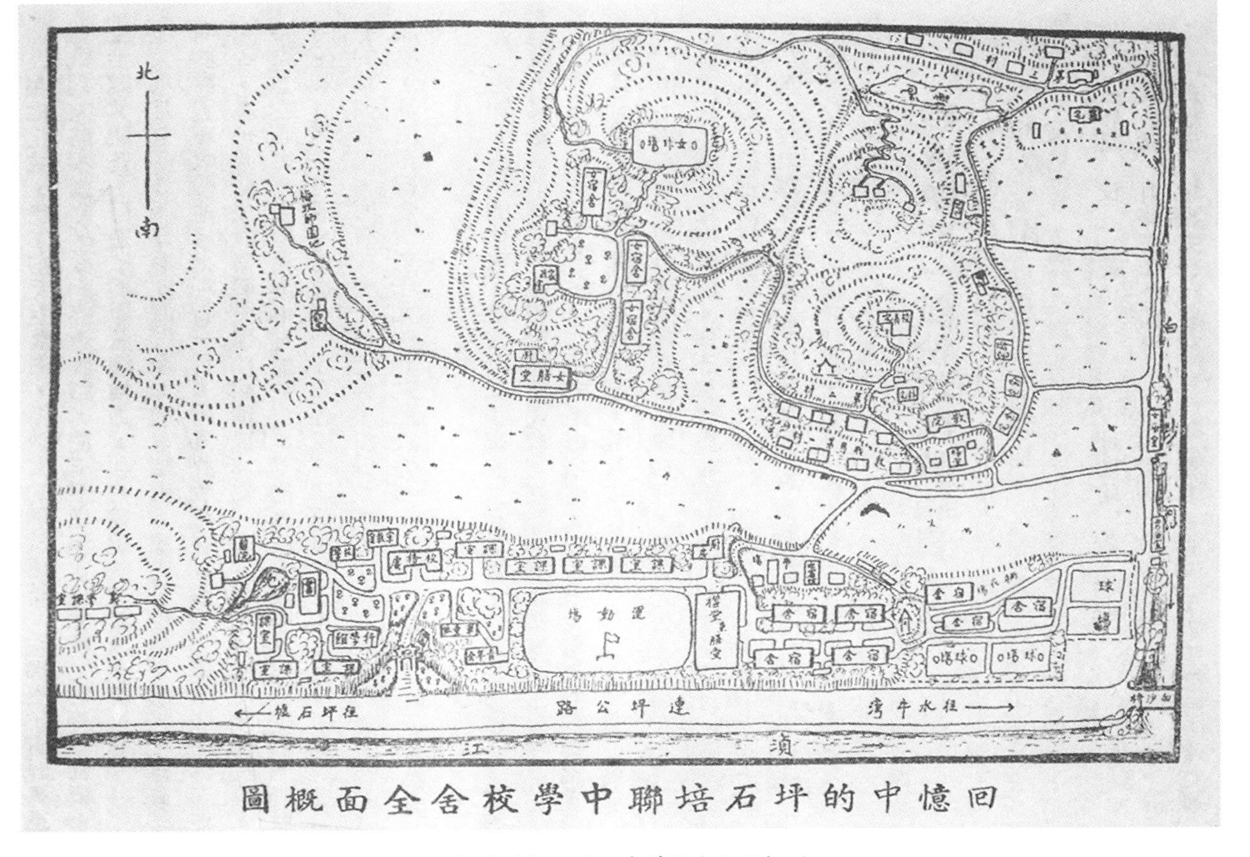

回忆中的坪石培联中学校舍全面概图

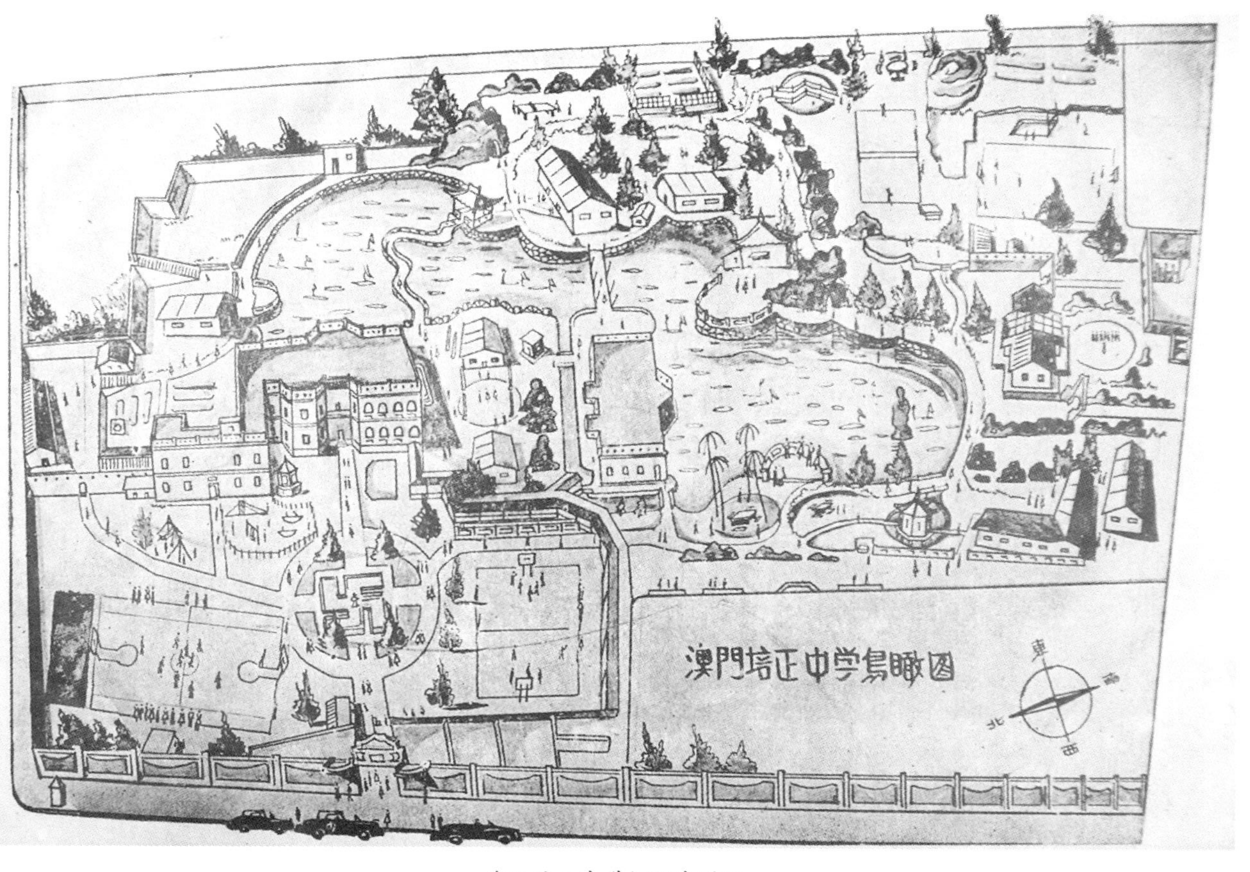

澳门培正中学校园鸟瞰图

《澳门教育史研究丛书》学术顾问

丁钢教授（华东师范大学）

王炳照教授（北京师范大学）

田正平教授（浙江大学）

汤开健教授（澳门大学）

刘海峰教授（厦门大学）

刘羡冰副理事长（澳门中华教育会）

吴文星教授（台湾师范大学）

张斌贤教授（北京师范大学）

周谷平教授（浙江大学）

周愚文教授（台湾师范大学）

总　　序

前言

《澳门教育史研究丛书》是澳门大学重点研究领域（University Key Research Areas）之一的“澳门教育史研究”项下“澳门教育史资料库五年（2008—2012）计划研究课题组”（RG-UL/07-08S/Y1/SWJ/FED）研究成果的发表园地之一。

这套丛书不论以史料选集、论文选集、校史选集、人物专书、研讨实录等形式出版，亦不论以中文、外文等文字呈现，率皆经过认真的撰稿或选稿、公开的发表与研讨、严谨的审查与修改、仔细的编辑与校雠等程序，方才付梓。

作为该课题组的主持者，本人特撰成此一序文，将该课题组自研究重点的确认、论坛平台的建立、课题组的正式成立、研究工作的展开等事项作成简要记载，以为备忘。

一　澳门教育史研究重点的确认

近年来，澳门大学在各位领导及全校师生的共同努力之下，试着将澳门大学办成一所"以高质量研究为基础的教学型大学"。职是之故，在优化教学以及增进教学效果的大前提之下，型塑校园研究文化，进而提升师生研究水平，乃成为澳门大学校务发展的重点之一。

作为五个基本学术单位之一的教育学院，亦充分配合此一重点，采取各种具体的做法，朝着此一方向渐次前进。为此，本院除了抓紧教学与服务的工作之外，还采取了下列三项做法：第一，鼓励师生勤研究、多发表，俾便整体提高研究绩效，累积本院师生的研究实力。第二，扩大办理各项学术活动，以增加本院师生发表研究成果的机会，进而提升研究的整体水平。第三，借着学术交流的强化，组成跨校、跨区的研究团队，以提升师生的整体学术生产力。这三项看似分立的做法，其用意实则仅有一项，就是：创造让师生有较多的研究与发表成果的条件，以便激发更多优秀研究成果的产出。

然而，本院毕竟只是一个成立才20个年头，专任教师总数40人左右的小型教育学院，平日所担负的职前及在职教师培训的教学与辅导、本澳政府机构委托的专题研究、本澳各级学校委托的各种咨询服务等任务既繁杂又沉重。若欲在如此繁重的工作压力之下，犹能集合有限的人力，以重点突破的方式，整体提升本院在教育学术研究方面的成效，就必须找寻若干能成为本院具有代表性的研究重点。于是，以融合中西文化而独具特色，且内涵丰富的澳门教育为突破"点"，以四五百年的历史为"线"，结合国内外教育史学者的力量，把澳门教育史的研究带向中国教育史的"面"，进而再把它带到整个世界教育史的"体"内，就成了本院近年来的研究重点之一。

二　两岸四地教育史研究论坛的建立

此一以澳门教育史为本院研究重点的构想，是在2005年下半年逐步形成的。2006年年初，在澳门大学研究委员会的经费资助之下，本院的若干同仁组成了研究小组，先尝试以本澳的梁披云、杜岚、邝秉仁三位老教育家为对象，一方面广为搜罗他们的著作及相关的文献或影像资料，一方面则针对其本人或家属亲友进行访谈，希望能为他们保留珍贵的史料，并经整理撰著而成为教育史的专文，流传后世。此一专题研究的部分成果，即构成了于2007年1月在澳门大学国际图书馆展出之“澳门教育史文献暨梁披云、杜岚、邝秉仁资料展”的主要内容。

配合此项展览，本院于2007年1月26日及27日，举办了“首届两岸四地教育史研究论坛”。来自海峡两岸暨港澳地区对教育史的教学与研究有兴趣的50多位学者专家，除了发表论文之外，还签订了一项以“本论坛以一年举办一次为原则”为主旨的备忘录。该备忘录载明了来自华东师范大学（2008年第二届）、北京师范大学（2009年第三届）、台湾师范大学（2010年第四届）、浙江大学（2011年第五届）、厦门大学（2012年第六届）的代表，同意于其后五年依次轮流主办是项论坛。

在此项论坛的基础之上，与会的海峡两岸暨港澳地区的教育史学界友人，咸对澳门教育史研究课题的正式立项，表示乐观其成，并且愿意采取下列两项实际行动，对该项目表示支持。

其一，与会的部分代表同意担任本研究课题立项后的顾问，提供其长期从事教育史研究的经验。这些代表包括了刘羡冰校长（澳门中华教育会副会长，长期以研究澳门教育史著称）、吴文星教授（台湾师范大学文学院历史学系原系主任，原文学院院长）、周愚文教授（台湾师范大学教育学院教育学系原系主任，现为教学发展中心主任）、张斌贤教授（北京师范大学教育学院院长）、丁钢教授（华东师范大学教育科学院院长）、刘海峰教授（厦门大学教育研究院院长）、周谷平教授（浙江大学教育学院原常务副院长）、田正平教授（浙江大学教育学院原院长）、王炳照教授（北京师范大学教育学院原院长）。

其二，与会代表也同意，在每年举行一次的该项论坛之中，皆专设“澳门教育史研究成果发表”的节目。更有进者，上述诸位顾问皆同意参与该一节目，并且担任研究成果发表的审查工作。这样的安排，将会为本研究课题组的研究人员带来两方面激励的积极作用：一方面，为了参加此一论坛，本研究课题组的研究人员将会抓紧研究进度，并且认真撰写研究论文，因而有可能保障本研究的成果在数量方面的绩效；另一方面，以上诸位顾问皆会针对上述各篇论文，进行审阅并提出修改的建议，因而有可能确保本研究的成果在质量方面的绩效。

三 正式成立澳门教育史研究课题组

澳门大学为了鼓励资深绩优的教授组成团队，从事多年式、整合多方人力资源的研究，特别由大学的研究委员会（University Research Committee）于2008年1月开始设立大学层次的研究课题赞助项目（University Level Research Grant）。该类赞助项目有别于由各学院的研究委员会负责管控一般的课题赞助项目，而着眼于澳门大学的重点研究领域（University Key Research Areas）。这些项目直接由大学的研究委员会负责管控其研究课题的确认、人员的组成、经费的拟定、进度的掌握、成果的审查、成果的发表等环节。特别值得注意的是，该类赞助项目所要求的研究课题，应该是以与澳门大学的发展或是澳门社会的发展有密切关联者为优先考虑；又，在人员的组成方面，除结合各学院的人力之外，还应积极鼓励结合跨院、跨校、跨区域的研究人力，组成较强大的研究团队；而在经费的拟定方面，可以因为研究任务的需求宽予经费的资助，且在经费的支用方面也给予较大的弹性；至于进度的掌握、成果的审查、成果的发表等，亦皆予以较严格的管制。

配合此一新的做法，本院乃于 2007 年 10 月正式组成课题组，定名为澳门大学教育学院“澳门教育史资料库五年（2008—2012）计划研究课题组”。目前，该研究课题组的正式成员有：单文经（主持人）、张伟保（统筹主任）、杨秀玲、郑振伟、老志钧、黄素君、郑润培、郑祖基、杨兆贵、谢建成、王志胜、宋明娟、方炳隆等 13 人。同时，并聘有顾问刘羡冰、吴文星、周愚文、张斌贤、丁钢、刘海峰、田正平、王炳照、汤开建等 9 人。另外，亦将依研究进度，逐步自本澳、内地、香港、日本、葡萄牙等地聘请特别顾问，协助与指导本研究课题组的工作。

四　按部就班展开澳门教育史研究

本研究课题组将次第展开下列六项工作：

第一，资料搜集与整理。本研究课题组将在本澳、内地、香港、台湾及海外等地，从官方与民间两方面搜集与本澳教育史有关的资料及文物。除了搜集这些资料之外，还需针对部分档案资料进行必要的缀补，并且全部予以数字化。

第二，外文资料的中译。有待本研究课题组聘请专人翻译的书籍、档案、书信、手稿等资料，以葡萄牙文为最大宗，其次，则有日文、西班牙文、意大利文，至于英文的资料，则可以由本研究课题组的研究人员自行翻译。

第三，教育人物的访谈。本研究课题组将聘请专人针对一些对澳门教育具有影响与贡献，并且经历澳门教育各时期变化的教育工作者进行访谈，俾便补文献资料之不足，并且丰富本澳教育的史料。

第四，史料的编辑与出版。本研究课题组的研究人员将逐步把搜集而得的各项资料、外文资料的翻译，以及教育人物的访谈等史料，经过选择、比较、评析等程序，加以编辑。这些史料可依 16、17、18、19、20 世纪等编年的顺序加以编辑，也可依教育政策、教育理念、教科书、教学资源、学科发展等专题加以编辑。

第五，论文的撰写与发表。本研究课题组的研究人员将根据各项澳门教育的史料，撰写各式论文，并适时加以发表。这些论文的主题，可以是教育的事件，可以是教育的人物，可以是编年史，也可以是专题史；论文可以单篇发表，也可编为文集。

第六，研究成果的英译。本研究课题组的研究人员将拣选重要的研究成果，聘请专业人员翻译为英文，有些全书、全册或全文皆译，有些则以摘译方式处理。此一做法的目的在于将澳门教育史的研究成果传播于全世界，以便让国际学界人士亦能理解具有特色的澳门教育历史。

五　持续的投入与长期的积累——代结语

本研究课题组的研究人员，虽然来自内地、香港、台湾与本澳等不同的地方，但是，皆能秉持着“面向本澳、关心教育、全力投入”之共识，以及“历史研究的工作有待持续的投入与长期的积累”之理念，勤于搜集资料、整理分析、撰著论文，以便完成“澳门教育史资料库五年（2008—2012）计划研究课题组”所预定的各项任务。我们至盼各界人士不吝赐予各项协助、支持与指导，使这项任务的达成能更为顺利。

单文经　谨志

2008 年 12 月

Preface

Introduction

Studies of History of Macao Education Series provides a platform for the publication of research products by the "History of Macao Education Research Group" working on a five-year "History of Macao Education Research Project 2008 – 2012" (RG-UL/07-08S/Y1/SWJ/FED), which is included in the University Key Research Areas.

These research products are published, either in collections of selected papers, critical analysis of historical documents, or school histories, or in the form of profiles of personages or conference proceedings, either in Chinese or other languages, both by way of presentations at symposiums and conferences and through conscientious and meticulous reviewing, editing and revision processes.

As the principal investigator promoting and leading this research project, I write this Preface, briefing readers on how this project was identified as one of the University Key Research areas, how the Forum was established, how the research group was created and how our work has been proceeding.

1. History of Macao Education Identified as a Key Research Area

In recent years, with the concerted efforts of the leadership, staff and students, the University of Macau has been working hard to develop the University into a "teaching university based on quality research". Bearing this goal in mind, I take optimizing teaching and enhancing teaching effectiveness as my major task and at the same time boosting the research ability of teachers and students by nurturing a research culture on campus has become one of the tasks for the development of the University.

The Faculty of Education (FED), being one of the five fundamental academic units of the University, should make every effort and adopt suitable measure to advance in this direction. Specifically, in addition to teaching and community service, FED has adopted three measures: first, encouraging teachers and students to do more research and publish more so as to improve the overall performance and build up research strength; second, organizing more academic activities so as to create more opportunities for staff and students to have their research products published; third, creating inter-university or cross-regional research groups to increase the overall academic productivity. There is only one intention for the three measures, i. e., creating more opportunities and better conditions for faculty members and students to engage in research and get their works published, thus bringing about more and better research products.

However, FED is still a small faculty, with no more than 50 full-time staff members and a history of only 20 years. In addition to the pre-service and in-service teacher education/teacher training programmes at various levels, we are also entrusted by various government departments to carry out research projects on special topics, to provide consultation to various schools. Burdened by all this complicated and heavy work, we can only hope to make certain breakthroughs by searching for some key areas representative of FED and focusing our limited human resources on them. As a result, we have located the education of Macao as our starting point, traced it to a trajectory of four or five hundred years, incorporated the strengths and products of scholars in the field of history of Chinese education both inside and outside China and then integrate into the system of world education system. And this has become one of the key research areas for our faculty.

2. Liangan Sidi (Mainland-Taiwan-Hong Kong-Macao) Forum Created

In fact the idea that we were to focus our efforts on the history of Macao education was conceived in late 2005. In early 2006, with the financial support of the Research Committee University of Macau, research groups were formed to carry out oral history projects, choosing some renowned figures well in their nineties or even older, such as Mr. Liang Pei-yun, Ms. Tou Nam/Du Lan, and Mr. Kong Peng Ian, as our subjects of research. We set about collecting their works and publications, related documents and visuals while interviewing these veteran educators, their families and relatives. Our purpose was to preserve these precious historical materials and write papers on the history of education and then pass them on to posterity. Some of the products born of these efforts constituted the major content of "Exhibition of Historical Documents of Macao Education: Mr. Liang Pei-yun, Ms. Tou Nam/Du Lan, and Mr. Kong Peng Ian" held at the University of Macau International Library in January 2007.

Coinciding with the exhibition was the 1st Liangan Sidi (Mainland-Taiwan-Hong Kong-Macao) Forum on History of Education, which attracted over fifty scholars interested in the teaching and research of history of education. In addition to paper presentations, a Memorandum was signed, stating that this Forum on History of Education is to be held annually, and hosted in turn by six universities. In accordance with the Memorandum, the 2nd Forum is hosted by East China Normal University in Shanghai in 2008, the 3rd by Beijing Normal University in 2009, the 4th by Taiwan Normal University in 2010, the 5th by Zhejiang University in 2011, and the 6th by Xiamen University in 2012. Then the Forum will come back to Macao again and go on with another cycle in this order.

Participants from both sides of the Strait, as well as from Hong Kong and Macao showed great interest in and expressed willingness to support the study of history of Macao education in two ways:

First, some of the delegates agreed to serve as consultants for our project, assuring quality with their long and rich experience in this field. They include Principal Lao Sin Peng (Vice-President of Macao

Chinese Educators' Association, an old-timer in Macao education research), Prof. Wu Wen Shing (former Head of History Dept. and former Dean of Faculty of Arts, Taiwan Normal University), Prof. Chou Yu Wen (former department head, School of Education, and now director of National Taiwan Normal University Center for Professinal Development), Prof. Zhang Binxian (Dean of Faculty of Education, Beijing Normal University), Ding Gang (Dean of Faculty of Science Education, East China Normal University), Prof. Liu Haifeng (Dean of Education Research Institute, Xiamen University), Prof. Zhou Guping (Former Dean of Faculty of Education, Zhejiang University), Prof. Tian Zhengping (former Dean of Faculty of Education, Zhejiang University), and Prof. Wang Bingzhao (former Dean of Faculty of Education, Beijing Normal University).

Second, it is also agreed that a special part of the annual forum is reserved for the presentation of research products themed on "History of Education of Macao". Furthermore, all the consultants listed above have agreed to participate in this project and serve as reviewers of the research papers before they are published. This arrangement is expected to produce two positive effects: first, it will stimulate the project members to speed up their work and write their papers conscientiously, thus increasing the quantity of research papers; second, the above consultants will review these papers and give comments and suggestions for improvement, thus ensuring the quality of research products.

3. History of Macao Education Research Group Officially Established

The University of Macau encourages senior professors with an excellent record of performance to form research groups and engage in perennial (multi-year) research projects incorporating various human resources. In particular, the University Research Committee created the University Level Research Grant in January 2008. The projects financed by this Grant differ from those at the Faculty level in that the University Level projects focus on University Key Research Areas. They are directly supervised and monitored by the University Research Committee, including the approval of project proposals, composition of the research group, funding, research progress, paper reviewing process, and publication of products. What is specially worth noting is that this Grant gives priority to research projects that help promote the development of the University of Macau and of the Macao society. Furthermore, in the composition of research groups, it encourages projects that integrate faculty members of the University with research members of other faculties, other universities and other regions to build up strong research teams. As far as funding is concerned, these projects are allowed more flexibility and given more generous support according to needs. However there is very strict control on research progress, reviewing of papers and publications.

To support this new policy, the FED officially created this research group, named "History of Macao Education Research Group" working on a five-year "History of Macao Education Research Project 2008 - 2012", in October 2007. There are 13 formal members in this group, including: Shan Wen Jing (Leader/Principal Investigator), Cheung Wai Po (Coordinator), Ieong Sao Leng, Cheng Chun Wai, Lou Chi Kuan, Vong Sou Kuan, Cheang Ian Pui, Cheng Cho Kee, Yeung Siu Kwai, Tse Kin Shing, Wong Chi Shing, Sung Ming Juan, and Fong Peng Long. The consultants are: Lao Sin Peng, Wu Wen S-hing, Chou Yu Wen, Zhang Binxian, Ding Gang, Liu Haifeng, Tian Zhengping, Wang Bingzhao and Tang Kaijian. In addition, special advisors will be invited from Macao, Mainland, Hong Kong, Japan, and Portugal to assist and provide guidance to our work when needs a-rise.

4. History of Macao Education Research Work Progressing as Planned

Our work has been progressing as planned in the following six areas:

1. Collecting and sorting out data: Our group has been searching for data and objects/relics relating to the history of Macao education through both official and unofficial channels in the mainland, Hong Kong, Taiwan and overseas, as well as Macao. We also make neces-sary editing of some of the materials and turn all of them digital.

2. Translation work: We hire specialists to translate some books, archives, letters and manuscripts, most of which are in Portuguese and some in Japanese, Spanish, and Italian. English documents are translated by the group members themselves.

3. Interviewing renowned educators: The group will hire people to assist us visit and interview some selected personages who have exerted great influence and made important contributions to the education of Macao and who have experienced the changes of education in different periods, to complement and enrich the data collected.

4. Editing and getting the historical documents/materials published: The members of the research group will examine, select, compare, analyze and edit the documents/materials collected and their translations, from the 16th century to 20th century in chronological order, under the headings of Educational Policies, Educational Philosophy, Textbooks, Educational Resources, and Curriculum Development.

5. Writing papers and publications: The group members will write papers on a number of topics on the basis of data collected and get them published. The papers may focus on particular incidents of education, particular figures in education, in the form of annals or history, to be published either as separate papers of in collections.

6. Research products translated into English: The group will invite specialists to translate important products into English, maybe a whole book or whole paper, or just the abstracts, so that the world will know these products and through them become aware of the unique characteristics of the history of Macao education.

5. Concluding Remarks: Continuing Commitment for Long-term Goals

The members of this research group, though they come from different parts of the world such as the Mainland, Hong Kong, Taiwan, as well as Macao, all agree that we should "Serve Macao, Care for and Dedicate Ourselves to Education" and uphold that history research demands continuous commitment and long-term accumulated efforts. We are determined to work hard, collecting data, analyzing data, and writing up papers to complete all the tasks required by the five-year "History of Macao Education Database Research Project 2008 – 2012". We sincerely look forward to the assistance, support and guidance from all walks of life to help us complete the project smoothly.

Shan Wen Jing
Professor and Dean
Faculty of Education
University of Macau
December 2008

(Translated by Prof. Ieong Sao Leng)

目　录

上篇　邝秉仁先生专访

下篇　邝秉仁先生文辑

上　篇

邝秉仁先生专访

邝秉仁先生专访(一)

受访人：邝秉仁先生（邝）

访问员：郑振伟先生、杨秀玲女士（教）

日　期：2006 年 5 月 18 日

地　点：邝秉仁先生寓所

教：邝校长，请问您是什么时候来到澳门的？澳门当时的教育是怎样的？

邝：我是 1938 年来到澳门的，当年广州被日军轰炸，培正亦因此迁到鹤山。1938 年的澳门教育，可以说是殖民地教育。那时候，澳门教育体系比香港还要极端。澳门的最高学府是利宵中学，它是一所葡文学校。“利宵”是“Liceu”的中文译音，意即“school”。很多土生葡人的公务员，大部分都在这间学校读书。利宵的教育学制为四年制，相当于中国内地的初三程度。

话说回来，当时美国的教育制度，由初入学到中学毕业共十二年，即是现在所说的六三三制。抗战时期，中国很多学制都是仿美的，“六三三制”是其中的一种，即六年小学、三年初中、三年高中。当年培正开办最高的课程只是相当于美国的初中程度。现在美国的学制则完全不同，除了幼稚园外，我知道的有一至四年级为小学，五至八年级为初中，九至十二年级则为高中。

1938 年初期的澳门，有一些中文学校，但这些中文学校其实是私塾，如孔教、汉民、佩民，等等，都已经不存在了。它们都是一些旧式的书塾，由于人们常常听到学生在书塾念："子曰……子曰……"所以有人叫这些学校为"子曰馆"。

由于抗战，内地的许多学校都迁到澳门，当中包括培正、永援、培英。当年的培英并不是现在的培英，现在的培英是冒名的。当年培英的校址是唐家花园，也就是现在望厦天主教老人院。培正当年租用现在高士德马路的卢家花园。高士德马路，从前叫柯高马路（当时澳门最大的马路）。关于这条马路的名字，有一段小趣事。澳门的经济，有一段时期相当低落，当时的地产商人归咎"柯高"（疴羔）这个名字不吉利，所以后来就把它改为"高士德马路"。

当年的澳门，除了中文学校外，还有葡文学校，如利宵；英文学校，如粤华（即现在的鲍思高粤华）。当时因为廖奉基校长，所以培正和粤华两校都有联系。由于抗日的关系，内地学校纷纷迁往澳门，六三三学制亦因此被"复制"过来。由这时开始，六三三制在澳门发展起来，除了培正、岭南、培英外，后来还有中德和知行（已停办）。

教：陈子褒和知行学校有什么关系？

邝：两者并无关系。陈子褒是香港子褒学校的创办人。大约是 1938 年，他的朋友到澳门办学，请陈子褒到澳一游。可以这样说，内地学校迁进澳门以后，本地的中文学校才具苗头。

教：澳门中学的六三三制，也许可以说是辗转由内地引入。当年广州有很多学校都是由教会所创办的，来自美国的教会把他们的学制引进中国，当这些学校迁往澳门，又把这种学制承袭过来。另外，1938 年的时候，您是否独自来到澳门？

邝：不是。当时黄启明校长等人和我一起来到澳门。培正迁往东山后，黄启明于 1918 年任校长。他是在哥伦比亚大学毕业，师承著名教育学家杜威。所以黄启明吸收了美国的教育学制，并加实践。后来，六三三制“来澳”，蔡高、濠江等其他中文学校纷纷采用。其后香港改制，改六三三制为中学五年制，也影响到澳门某些学校的发展。我个人认为，现在澳门的学制是混杂的，有葡式、英式，又有中式。

教：这都是历史发展所促成的，是一种“百花齐放”式的教育制度。

邝：我认为今后澳门的教育学院应该扩建。日后澳门的教育事业，就要依靠你们了。一所学校不在外表，而在于员工的素质，教师的素质才是最重要的。澳门教育学院就是要培养高质量的教师。我斗胆说一句，澳门虽然有十多间专上院校，但真正有学问的人却是少数。俗语所谓“学士随街走，硕士到处有，博士不稀奇，学者（真正有学问者）却难求”。

教：1938 年，您初来澳门，当时的教育环境是否不太好？招生情况、社会经济，又或教学条件，是否都比较差？

邝：是。以培正为例，当时培正租用卢家花园设校。当时培正课室不足，而现在培正行政楼 A 座就是当年的学生宿舍。培正当年把整个卢家花园租下来，用单隅砖做屋顶，用搭棚和间板的方式划出教员宿舍和课室。当时培正的所有教具、实验用品都是从拱北运过来的，而书桌等体积较大的用具，则用大货船从广州运到澳门。整体来说，当时培正的设施是十分简陋。

教：当时的书桌是怎样的？

邝：当时使用的书桌叫“鸡笼椅”，椅是由木板制成，有一个小柜子可以供学生摆放书本和书包。

教：这个设计很实用。

邝：当时培正的设备十分简陋，培正校歌中有一句“教育生涯惨淡营”，足以印证。不过，培正的师资是可以接受的。抗战时期，培正迁校，当时校长与教师只能四折支薪，但很多教员都愿意接受，所以师资还是很好的。有一次，我和澳门大学前任校长李天庆以及其他培正同学一起用膳，李也是培正的校友，他在席间表示非常怀念当年培正的师资。当时有很多出名的岭南大学教授，如李宝荣等。在培正任教高中的教师，他们都是留美博士。又如教国文的单伦理，他是北方人，很有学问。另外，还有王颂三和陈黄光，他们都是从燕京、北大等毕业。所以当时培正的师资都是很好的，岭南和培英两校的师资也相若。当时的年轻人，包括我在内，都有爱国的热情。

教：你们的授课语言是用国语还是粤语？

邝：是粤语，所以外省人需要学好广东话才能上课。

教：当年你们四折支薪，学校用什么方式支薪？

邝：当时四折支薪是用“双毫”。二十分钱为两毫子。我当时在培正任初中教员的薪水为四十元，高中教员则为六十元。当然，这是未打折前的薪酬。当年的教员，生活都比较艰苦，抗战接近胜利，生活更加困苦。澳门曾流传人肉云吞，可见当时物质相当缺乏。当时黄启明校长已逝世，赵恩赐校长到坪石去。澳门培正由林子丰出任代校长。林子丰在澳门经营煤和米，是一位富商，所以他常常拿取一些米粮接济我们这些教员。林子丰做过培正校监。林子丰的儿子林思显，也曾在培正帮忙派发米粮。当时的生活真的相当艰苦。

教：刚才所提及的“双毫”，是铜钱还是银币来的？

邝：是银币的。一元银币等于十毫，即十分钱，即是广东人所说的“毫”。

教：那时候的社会经济不好，有没有免收学费？

邝：要收学费。当时澳门人都比较信任培正、岭南、培英等学校，而且普遍都能交学费。后来，澳门的经济渐见起色，教员的薪金也逐步提高。

教：你们当时的膳食如何？

邝：学校食堂有膳食供应，每个月的膳费为六元。每日有三餐，早餐有白粥、油条或捞面之类；午餐的白饭任食，再加一小碟餸；晚餐也如是。

教：膳费占薪金的比例很高！当时学生的学费是多少？

邝：细节不太记得了，只记得他们都要交双毫，当时双毫的价值高于西洋纸（葡币）。

教：是否两种货币都通用？

邝：是。两种货币都通用。

教：我的一位老师曾经参加抗日和长征，他告诉我当年吃“豆豉炒石春”，有一次吃粥时吃到指甲，大家的心里都知道是怎么回事。

邝：抗战时期，那时候我不在澳门，但据闻街上有很多饿死的人，那些收尸的，把尸体的肉割下来，制成云吞和叉烧包。

教：那时候听说有万人坑。

邝：那时候我在坪石，不大清楚。

教：您大约在什么时候到坪石去的？

邝：没记错的话，大概是1941—1945年间。

教：什么时候来到澳门？

邝：我是1946年来到澳门的。坪石沦陷后，我走到连县（粤北与广西交界）避难。抗战胜利后，培正由澳门迁回广州，有部分留在卢家花园，作为培正中学澳门分校。当时培正复员广州，他们打了一个电报到连县给我。我还记得那个电报很简短：“澳校留职待返，即回。”就是这样，1946年来到澳门，直到现在。

教：你有没有参加过一些抗战的活动？

邝：有。由于黄启明校长的爱国主义教育，当时所有的纪念日，如国庆、国耻、五四运动等都有搞活动。

教：当时在晚上会否办一些文娱活动或出版一些文艺刊物，以振奋士气，一来是生活单调，需要一些活动；二来是爱国，表示爱国，上下一心抗日。

邝：“九一八事变”后，黄启明校长提出要纪念“九一八”和举办了一系列的活动。如捐钱、劳军，以及在学校开游艺会等，后来在澳的时候也继续举办游艺会。

教：游艺会由老师负责吗？抑或是老师和学生共同合作？

邝：由老师和学生共同合作的。黄启明校长很重视“群”的发展，培正的教育目标正是“德智体群美灵，六育均衡发展”。培正一直都有学生的组织，班有班社，中学有学生会，还有基督教青年会这个学生组织。这些学生组织都是“群”的表现。

教：学校的活动在什么时候举办？

邝：都在大节日的时候举办。

教：当时的学生在学校寄宿吗？

邝：是。当年培正除了租用卢家花园外，还租用别的地方，作为学生和教员的宿舍。

教：这样可以让学生和教师有更多的接触和沟通。从前的教育，强调能吃苦，现在的教育，要愉快地学习。我个人倒认为吃点苦才能成就人才。

邝：我斗胆说一句，如今某些学校着重名利。名利和教学的理念是“背道而驰”的，教育的本质是耕耘。上梁不正，下梁怎会直？我对澳门大学的教育学院寄予厚望。

教：多谢您的鼓励，我们会努力的。

邝秉仁先生专访(二)

受访人：邝秉仁先生（邝）

访问员：郑振伟先生、郑润培先生（教）

日　期：2006 年 5 月 23 日

地　点：邝秉仁先生寓所

教：我们准备了一些图片和资料，希望从中能勾起您的回忆。这数张照片是抗战时期有关曲江声讨汪精卫和肃奸大会的情况。

邝：曲江位于韶关，我当时在坪石（坪石与湖南交界）。由坪石到曲江坐火车一般要三个小时的车程。

教：再看看这张照片，上面是一些广州破屋，当时广州已经沦陷。

邝：1938 年，我来到澳门。到了 1941 年才回广州，所以我对这些相片，并没有印象。

教：不如说说当时培正的情况如何？根据资料显示，它是在广州建立的。

邝：上世纪二三十年代，为逃避战乱，学校由广州迁往澳门，是为澳门培正中学之始。

教：我看过一些记录，抗战时期，你曾经到过澳门，到抗战结束后又来到澳门。1949 年以后，培正曾经数度易名。

邝：1949 年 10 月，中华人民共和国成立。1953 年“私立广州培正中学”改名广州第七中学；1958 年市七中迁出东山，原校址建“广州师范学院”；1962 年师院迁出，侨光中学在原址开办；1966 年改称“广州市人民一中”；1969 年更名“广州市第五十七中”。

教：培正是否于 1938 年才迁往鹤山县城？

邝：早于 1937 年，培正已迁到鹤山。1938 年的时候，我就来到澳门。

教：1937 年的时候，邝校长您在哪里？

邝：1937 年，培正有中学、东山小学（简称东小）、西关小学，三间学校合并后迁至鹤山。在这种情况下，教职人数增加。面对这种情况，黄启明校长经校务会议同意，决定一律四折支薪。另外，一些不愿意跟随大队入鹤山或澳门的那些教师，一律要停薪留职。意即保留教职，但不支薪金。在 1937—1938 年间，我仍然在岭南读书，所以并没有跟去。1937 年年中，广州要疏散，1938 年我就来到澳门。1941 年，培正和培道在坪石设立“培正培道联合中学”（简称培联）。我当时还年轻，因要回到内地，所以也就返回内地。坪石沦陷，我到连县避难。到后来，我以为可以返回广州，但校方却打电报要我到澳门。所以自 1946 年以后，我又再返回澳门。

教：我看了一些关于您的资料，有些来自校刊，有些来自书信。在这些文字资料中，曾提及您当年的处境很危险，死里逃生，现在的人很难想象当年的境况。

邝：《坪石培联忆旧》那篇文章，是应景之作，那些都是陈年的往事了。

教：不，这是宝贵的历史资料。邝校长，当时您是在岭南大学文学院读书，1938 年在澳门，返内地后在培联任教。您教的是什么科目？

邝：我当时只是一名教员，教一些课外活动，例如音乐和戏剧。

教：您当时是乐队的指挥吗？

邝：对。我也在澳门培正的乐队中任指挥。

教：我读过梁寒淡的回忆文章，他是您的同班同学，他曾说您当年任乐队的指挥，只可惜后来健康欠佳，所以就没有在这方面继续发展。

邝：因为当时在乐队中要教和做指挥，很伤气，所以教起来会比较困难。

教：这个时期好像是黄启明当校长的。

邝：对，校长是黄启明。他在哥伦比亚大学硕士毕业。

这些图片，当时曲江是四战区，余汉谋当司令。湖南那边属于七战区，薛岳当司令，他们的子女都在培正读书。

教：当时您回到坪石培联，主要是任教课外活动吗？

邝：我当时任教英文和教一些课外活动。抗战时期，在粤北战区，学校也经常去慰劳军队。

教：那个时候，岭南大学好像也是搬到坪石去的。

邝：当时，坪石可说是广东的一个文化区，中大的师范学院和工学院、岭南大学的农学院，都在那里，但岭南的校本部在曲江仙人庙附近。

教：当时国民政府对这些学校有什么计划或支援，抑或是各校自发去的？

邝：是各校自发的。由于岭南大学是私立学校，所以政府提供地方，任学校自行发展。中山大学是国立学校。工学院、师范学院、农学院都在坪石。

教：私立岭南大学仍在曲江吗？

邝：农学院在坪石，其他的文学院、商学院、医学院都有搬到曲江，只有工学院没去。后来广州沦陷，岭南大学就迁往香港，学生就在香港大学医学院借读。其后，香港沦陷，岭南医学院搬至韶关仙人庙。香港大学医学院的学生就去到岭南借读。因此，日后岭南医学院毕业的学生到了香港，都可以取得医生牌照。这是岭南与香港大学的关系。

教：我们继续看些照片吧。这些照片是当时劳军的情况。"曲江各界慰问出征家人"，家属去慰问家人。当时人们的衣着都是这样的吗？

邝：是。那时候的军民，特别是学生都是穿成这样。我们在坪石时，都需要到七战区去劳军。

教：这都是劳军的照片。校长，您对这类建筑物有没有印象？

邝：没有。

教：这些帽子呢？是否一般老百姓都会戴？这是什么帽来的？

邝：这些是竹篾，织完后再涂上桐油。粤北那里出产桐油，桐油可以防雨防晒。

教：这里有一张相片，写着"良兵为良民的模范"。

邝：没有印象。

教：这里有一幅，写着"良民为良兵的基础"。

邝：都没有印象。

教：不要紧。再看看别的照片。这张是岭南大学学生劳军的情况，照片中的军队叫"十二集军团"。

邝：记得不太清楚了。

教：不要紧。上述都是岭南大学的照片。再看看这张相片，从衣饰来看，照片中的人是军人还是学生？

邝：这该是学生吧，因为当时的学生都需要军训，所以他们穿得像军人一样。

教：再看看下一张照片吧。

邝：这是国民党的党旗，这是国旗。

教：国旗叫“青天白日满地红旗”。

教：这照片是“国民公约宣誓典礼”。

邝：这对我来说始终没有多大的记忆，因为这些都是军政方面的事宜。

教：当时的生活相当艰苦，是吗？

邝：相当艰难，但当时内地的生活总比澳门好。澳门当时闹饥荒，一度流传人肉云吞、人肉叉烧包。相对于坪石，我们可以种菜和养鸡。薪水有一半支米粮，一半支钞票，所以当时的生活，对我而言，算不上“丰衣”，却是“足食”。

教：生活都算是较稳定。当时学生的情况又是如何？

邝：中大、岭南大学的学生大部分都是寄宿的。政府会为他们提供米粮，而附近有农村，所以又有蔬菜和肉食供应。

教：近农村都有其好处。这一张照片是“广东各界纪念革命先烈暨驻韶各机关公务人员举行国民公约宣誓大会”。您对这个地方有没有印象？

邝：这是曲江桥。后期就有所谓的城西曲江桥。在曲江夏天晚上，很多人爱坐或睡在这些货艇上。曲江是一个盆地，所以夏天是很热的。曲江水时深时浅，如果水浅就会这样，但有时水深也可能会盖过桥面。所以这座桥可能是抗战后期的建筑物，当时的曲江桥是浮桥吧。

教：什么是浮桥？是指它能浮动吗？

邝：不。浮桥是指用船和排搭成的，给人与车经过使用。

教：这座桥该是用混凝土修建的，所以看起来比较新。

邝：它可能属于抗战胜利后的建筑吧。

教：不，它是由混凝土建成的。当时的物资应该比较缺乏。

邝：“风度桥”，因为韶关市中心主要的道路叫“风度路”，又有风度东路。如果没有记错，它该叫“风度桥”。它可能不属于抗战时期的建设。

教：这辑照片是在抗战时期拍下来的。这个是桥面，照片中的行人挑着些东西，桥上有灯。

邝：它好像真的叫“风度桥”。

教：这张照片是“曲江各界庆祝黄花节”。

邝：不是庆祝，是纪念。3月29日纪念黄花岗革命。当时的纪念黄花岗的节日又叫黄花节。

教：当时学生的用书和物资又是如何？

邝：这方面是颇好的。虽然粤北用来印刷的纸张相当缺乏，印书用玉扣纸，但教材相当好，由老师负责编写，用蜡纸油印。

教：照片大部分已看完了。

邝：这班是融社的学生，我曾教导过他们。

教：传统上是否每一年都有一个社？

邝：是，每一年都有。

教：这是培正的校牌吗？

邝：这是美洲华侨纪念堂，当时是新课室，但现在已拆卸重建。这是白课堂，当时搬到东山，只有两间砖屋：一间是白课堂，另一间是宿舍，叫做“第一宿舍”。这另一间叫王广昌寄宿舍。

教：这是图书馆。它是在1936年建成的。当年您是否在东山培正学校读书？

邝：是。1934年毕业。这是饭堂，是陈广庆所捐的。

教：这是青年会所。是什么会所来的？

邝：当时学生组织有两个：一个是学生会，另一个是基督教青年会。青年会所是基督教青年会的学生筹建的。这里是地牢，下层是一些特别课室。上层是属于青年会的礼堂。这一座是教员宿舍，分南楼和北楼，北楼较南楼高。这座叫芳园的建筑物，原是国民政府一名高级官员的住宅，后来经培正购入。这幢建筑物仍在，好像已经改建成为校史室。

教：您近年有没有到广州培正去？

邝：从前每年都有，但近年因为年纪关系，所以没有去了。

教：这是草创时期的照片。

邝：对于这张照片，我可以多补充一点资料。当时中国教育是靠书塾，培正初期名为培正书塾，中国传统教育要拜圣人，跪孔尊儒。但基督教十诫中，有一诫是只许敬拜耶和华，即上帝，天主教则称为天主，故此有一部分身穿长衫马褂的基督徒，就创立了“新学”。当时的培正仍未称为培正中学。初期是培正书塾，再易名为培正书院，后期才改称培正学堂。

教：它跟内地教育体制一起改变，由书塾改为现代的学堂。

邝：当时其他基督教学校都是由外国人创办，用外国人经费。但培正由建校到现在百多年并没有接受过任何外国的经费资助，这是培正的一个特点。当年创立培正有两个目的：一是传播真理，即传教；二是振兴中华。

教：希望国家能搞好教育。

邝：我个人觉得这是培正的特点。现在有些培正的人说培正最重视的是传教，什么事都会提及十字架。当初创立培正的宗旨并不是如此，办学是为免教友的儿女跪拜祖先。

教：如何解决这个跪拜问题？

邝：培正是不跪拜的。

教：开始时，总有部分人不习惯吧，那么如何处理？

邝：要接受才能到培正来读！

教：原来如此。这是“古巴堂”。

邝：对，是。它是黄启明校长筹钱建成的。当时培正搬到东山后，历数任校长，一是李锦纶，他任培正校长后，再任岭南校长，又做沪江大学的副校长，其后出任葡萄牙和西班牙的中国公使。之后有杨元勋校长。他们都是留美回来的。然后到黄启明校长。当时，黄启明校长赴古巴（当时古巴不是社会主义国家）为校筹集资金。归来后就建了这所“古巴华侨纪念堂”，是学生宿舍。这座“美洲华侨纪念堂”则由美国和加拿大集资金所建成。

教：很多资金都是来自各地的捐款。

邝：是。澳洲也有。这是基督教青年会，即基督教学生青年会。这是王广昌寄宿舍。这个宿舍有一个特点：现代的建筑都是用钢筋水泥，它却用“竹筋水泥”，而且到现在仍然矗立着。中华人民共和国成立后，苏联专家还请求学校提供些样本，让他们化验。这间是最初的学生宿舍，因为是第一间，所以叫“第一宿舍”。我当年曾经住过。学生还给了它另一个别名——“白鸽笼”。

教：“第一宿舍”叫“白鸽笼”。

邝：其后拆卸，改建成“澳洲华侨纪念堂”。

教：宿舍里的房间是否相通？

邝：不是，里边有很多房间。每一间睡六个人。睡床是双层床。

教：卫生间是否在宿舍外？

邝：是。卫生间在宿舍外。但这个洗手间只能小便，用砖搭建的，供大便用的粪池则在操场那边。当时广州处理粪便的工人叫夜香工人，他们有一个组织，叫夜香工会。处理粪便有承包制度。

教：当时宿舍有没有自来水？

邝：没有。但当时黄启明校长想得很周到，因为培正有一个水塔接近珠江口，可以在这里抽水供培正使用，所以在宿舍后面有一排水喉。

教：广州岭南大学的旧址都有水塔。

邝：对。近岭南的码头都有一个水塔。培正的水塔是用混凝土建成的，岭南的用钢铁。

教：这些课室，您有没有印象？

邝：这个我可以多说一点。培正的学制是六三三制。小学分为初小和高小：初级小学是指一至四年级；高级小学是指五至六年级。当年一至四年级是没有英文课程（30 年代的课程大都如此）。学生学习都较简单，只有中文、算术、修身（后改称为公民）和自然。在初小的课程中，除术科（音乐、美术）外，班主任需要全科任教。高小就需要分科，并加入英语课程。还有，我要补充一些关于学校命名的资料：培正早期名为培正书塾；民国初期，培正迁至东山。上世纪 20 年代，当时有一种叫“国民学校”，所以后来培正由书塾转变为学校。当年国民学校是四年制，其目的是希望教育普及化，从而把中国的教育推向最高点。所以，后期培正的六年制小学就分为初级和高级。

教：其他学校的学制是否也是四二分制的？

邝：不是。培正在澳门创立分校时，初级小学的校址在南湾，把现在汇丰银行附近的林家大宅充当为课室；而高级小学则在大庙顶处，用刘氏大宅作为课室。由于初、高课程不同，所以有两个不同的主任，处理各自的校务。

教：高级小学好像已有地理、历史这两科。

邝：对，高级小学有中、英、数、历史、地理、自然，当时还有《圣经》。

教：这主要是跟随当时国民政府的学制。

邝：对。据我所知，当时的其他小学，是六个年级一直上的，但当年的培正分为初级小学和高级小学。抗战胜利后，澳门培正就没有这样的划分。这是临时膳堂。

教：高小会食堂。

邝：宿舍的内部是单隅墙，外围是双隅墙。

教：这是女小的课堂。男女分开上课吗？

邝：在东山的时候，培道收女生，培正收男生；培道没有小学，所以又有培正女校。[1]

教：培正的女校，即是这些课室只有女生。

邝：男生在别的地方上课。

教：上课地点不同。这是初小宿舍，那是宿舍的阳台吗？

邝：这幢建筑物有两层，已拆卸重建，该处所在地就是现在的广州培正的东小。

教：这幢女小宿舍有三层，比较高一点。刚才那座只有两层。

邝：当时女小是这样的。女小的前身是培坤女校，在一间庙内，后来迁到现在的校址，并建了课室和宿舍。

教：这一幢是中学课堂。

邝：中学课堂和刚才提及的“白鸽笼”是我们最初迁到东山时的两幢砖屋建筑。

教：当时的建筑风格已趋向西化？

邝：大部分都是以木材作为建筑材料的。我曾经在这里上课。

教：您是 1934 年在广州培正毕业，当时是哪一个月毕业的？

邝：6 月底，准确地说该是 7 月行毕业礼。

教：七七卢沟桥事变，1938 年日本军轰炸广州。

邝：其实早在 1937 年，日本人已开始轰炸广州机场，所以

---

①　培道开办之初，并无修业年限，故无所谓学制系统。该校于 1912 年开办蒙学，由是而蒙学师范班，由是而高级小学，由是而初级师范班。1918 年复办旧制中学，至此学制始大备。然蒙学师范班创于 1913 年，至 1917 年结束；初级师范班创办于 1923 年，未几亦停办；高初两级小学于 1923 年归培正女校接办。幼稚园则独立，改名为培灵幼稚园。故培道当时是一所纯粹的中等学校。参见易铁尹《五十年来之培道》，《广州东山私立培道女子中学五十周年纪念特刊》（香港，1938 年），第 14—15 页；禤伟灵：《培道六十年》，《广州市私立培道女子中学六十周年纪念特刊》（广州，1948 年），第 2 页。

培正才迁往鹤山。

教：1938 年秋天，培正由鹤山迁至卢家花园。

邝：其实由 1938 年春季开始，小学先搬；到了秋季，中小学完全迁出广州。

教：大约是 1941 至 1942 年间，您开始在坪石生活和工作。当时您只是任教课外活动，是一位正式的教师吗？

邝：当时已经是正式的教师。一般而言，培正的课外活动都是由教师兼的。

教：邝校长在 1946 年开始落户澳门，但从 1946 年到 1971 年这个时期，您在培正的职务是什么？

邝：当我被调派到澳门工作的时候，培正已复员广州。留在澳门的只办小学，校址在卢家花园，校主任为赵璧兰，她是黄启明校长的夫人。我当时是教导主任，即教务和训导，也需要上课教书。

教：教英文吗？

邝：对。后来也教公民。

教：当时学校的班数该不会太多吧！

邝：这也是培正的另一个特点。现在澳门的学校，每班 60 人已算少，70 至 80 人一班都有。但培正一直以来，各班的学生至多只有 40 人左右。当年培正的毕业班，文理两班合共只有 78 名学生。

我个人认为当年三三教育制有一个好处：初中已是一个循环，初一学动植物，初二学化学，初三学物理；高中又是另一个循环。三三制就是有这方面的好处，至于现在的三三制发展如何，我就不太清楚了。

对于文组课的学生，在数学和理科方面的要求会稍为降低一点。当时高中侧重数理科，除了有代数、几何、三角外，还有立体几何、解析几何和初级微积分。文组的数学，只有三角、几何和代数。

当时培正的教科书有一个很大的特点，上到高中以后，除了国文和中国历史外，课本都是英文的。

教：大概是什么时候开始采用英文课本？

邝：30 年代。

教：这些课本是从哪里来的？

邝：由美国买入的。当时文组的化学是 *Practical Chemistry*，物理是 *Practical Physics*，但理组的化学科就直接用外国的教材，尤其是物理科。我记得当时理组化学科采用外国教材，物理科的课本用美国大学一年级的用书，作者是"KIMBALL"。[①] 文组不会太注重数理科，他们可以选修教育和商科。

教：教育是一些什么样的科目？

邝：当年我是选读教育的。我记得高一读教育概论，那当然不是大学的课程；当时培正聘请了由美国回来的黄锦均硕士执教，在他还未抵澳时，则由黄启明校长代课。高二是读教学法，当然都是些比较普通的教学法；高三读教育心理学。还有，当年基督教青年会在培正校园外设立"义学"，有四个课室，可读至初小四年级。"义学"还有两名专任教师，而我们这些读教育的学生，就纷纷到那里上课。

教：好像现在的外展。你们可以有实习的机会了。

邝：当时初小上的课很简单，我们也不用每天都到那里上课。当时文组只有十多人。

教：校长，谢谢您在百忙中抽空接受我们的访问。

---

① Kimball, Arthur L., *A College Text-Book of Physics*, New York: Henry Holt and Company, 1911, 1939.

邝秉仁先生专访(三)

受访人：邝秉仁先生（邝）

访问员：郑振伟先生、郑润培先生（教）

日　期：2006 年 6 月 13 日

地　点：邝秉仁先生寓所

邝：这是当时学生所写的回忆录，内容多讲述有关广州培正的事宜。这本是校庆特刊。

教：我们也打算亲自前往广州东山的培正搜集多一点资料。

邝：在广州市博物馆，这类材料收藏得比较多。

教：根据刚才的资料来看，整个系统表都可以列出来。

邝：我找到了一些照片。这张是开会后，我出来走走时所拍摄的。

教：这是什么时候拍的？

邝：大约是 1985 年，召开人大会议的时候。这张是我儿子的照片，他现在在理大教书。

教：当时是否已下雪？

邝：不是，只是些白花。这里还有一些时代比较近的照片。那张是立法会新旧聚餐会时的照片。

教：这些生活照片都很好。邝校长，您以前曾写过一些文章，这篇是在 1999 年 12 月 5 日发表在《澳门日报》上，题目为

《培正中学一百一十年》。我们打算日后把您的文章编辑出版。

邝：我并没有刻意把它们保存起来。

教：只要您告诉我们这些文章曾在哪里发表过，我们会帮您找的，就像这篇文章。

邝：我记得《培正中学一百一十年》是一篇培正校庆的文章。培正要举行校庆，当时我身在美国，校方打电话要求我写一篇文章，我手头上并没有任何材料，所以我只是靠记忆笔录下来。

教：其实在这篇文章内，已包含有很多资料。

邝：培正有过百年的历史，但他们限我讲五分钟，所以只好尽量简短，但结果仍然用上了八分钟。

教：这篇讲词的原稿是否已经压缩？

邝：是。我从美国回来后，把它重新整理过。

教：在《培正中学七十周年纪念刊》中，我找到了一篇题目为《坪石培联忆旧》的文章。

邝：我都有这些资料。

教：这是一份1980年的“校务报告”，当中还有一些照片。

邝：您可以从杨院长那里取得这些资料。

教：这是梁寒淡所写的文章，内容主要是讲述“荫社”的今昔。

邝：说我们这一班。这位是陈炎生，是我的同班同学①。

教：这是赵利民，她有写过信给您。

邝：对。她当时有寄信给我，并叫我给她回信。

教：这里有一些您的同班同学，这位叫何蟠飞。

邝：他在台大教国文。现在已去世了。

---

①　据《培正中学高初中毕业生名册1919—1947》所录，培正中学二十二学年度第二学期“普通科”毕业学生名册所录，1934年6月毕业的共有55人。见该书第37—39页。

教：这是1984年在香港举行的一个晚宴，由于这时刚好五十周年，所以叫做金禧晚宴。您看看这张照片，试试能不能勾起您一点点回忆。

在这次访谈中，我想请教您一些有关当年您在培正教书时的情况。上次访问时谈到您在抗战后来澳教书，任教英文，后来也教过别的科目。

邝：我在这里要补充一些有关我在广州培正读书时的资料。在上一次访谈中，我说过当时培正高中分文理两组。理组侧重于数理科，文组除了有一般的中学课程外，还有教育和商科这两个学科。上一次我谈及教育科的课程，并未提及商科。现在我可以谈谈商科方面的情况。

我没有读过商科，但记忆所及，当时在培正设立了一间学生银行供学生实习；而在教育课程中，则设有一个叫青年会的义学，其学制是小学四年的。

商科课程主要学习一些经济学概论、经济学的知识，包括簿记、初级会计，还有初级银行学，即训练学生一些有关银行方面的技能。当时设立了一个学生银行，为学生提供了一个实习的机会。学生银行有一个实际的作用，培正当时有食物部，即现在的小卖部，还有一书局，让学生买文具和教科书。当时学生不能直接用现金买货品，须先到学生银行去买食物券或书券，以之取代现金，方能购买东西。还有那些寄宿生是不可以携带现金，须把钱储入学生银行。存入款项后，有一本像现在银行的“红簿仔”以资证明。所以说学生银行是有其实际的用途及需要的。

现在美国的学制，学生一升读中学，都有一些木工、金工，以及其他学科，供学生选读。我在培正读书时，大约是30年代，我觉得这个相当好。若学生在中学毕业后，没法升读大学，但他们在中学时期曾选修教育，日后便可从事教育工作；如果是商科出身，则可从事商行、银行工作。

教：能够在银行任职，在当时应是一份很好的工作。

邝：我觉得这样的课程编制都是培正的一个特色。现在回想起来，澳门培正在芸芸的学校当中，有几方面是较为突出，值得提一提的。首先，我任职澳门立法会的时候，是我首先提出“资助不牟利私立学校”的提案。当时，为了这个提案，我收集了很多材料。某年（是哪一年已记不清了）狮子会曾邀请我去讲一个有关学生德育问题的讲座，同时也邀请了香港的黄梦花医生，香港人戏称他为“发梦王”。

教：黄梦花当时是香港立法局的议员。

邝：“资助不牟利私立学校”原先是由黄梦花提出来的。狮子会的聚餐，有很多社会人士出席，我就是在那个场合认识黄梦花的。当时我是这边的议员，他是那边的议员。我从他手上借用了一些有关“资助不牟利学校”的材料。由于当时的私立学校得不到政府的津贴，所以他就努力争取。香港政府的资助分几方面：政府资助学校行政的一般费用，又资助老师的薪酬，以及学生的学费。他有很多关于这方面的材料，当时他在香港把这些资料送给我，后我请周经桂（香港中文大学毕业后回到培正工作）和薛力勤老师帮忙整理资料。现在，薛力勤老师在理工教摄影；周经桂仍然在理工大学工作。

说一题外话：由于经桂当年跟他的舅父去柬埔寨时，路经广西，故给他取名为“经桂”。他在培正中学毕业后，做了几年工作，后来考上香港中文大学（当时在澳校中只有培正的学生可以去考香港的大学）。当时没资格考香港大学，只有中文大学，所以经桂就考进了香港中文大学。

现在我们就谈谈“资助不牟利私立学校”吧。当时是根据香港的情况来做这个提案的，所以当我把它呈上澳门立法会时，由于香港跟澳门的法律不一样，所以在澳门方面都不知该由哪个部门来处理。澳门当时的教育是由葡萄牙人管理的。现在说回来，当时我把“资助不牟利私立学校”这个提案交给立法会，立法会把这个提案“推”到“谘询委员会”，即是现在的行政会。立法会的解释是因为这个提案属于行政方面的事宜，立法会只是负责立法，所以不属于它的工作范畴。我记得当时谘询会曾要求澳门私立学校派两个人到谘询会列席“吹风”，出席的代表是澳门天主教林家骏和我。当中还有一段小插曲，当时立法会的主席认为我是议员，不可以参加行政会的会议。当时立法会有很多的摩擦，中国籍的议员，例如何贤、马万祺便成为“磨心”，当时大概情况就是这样。后来，行政会表示要慢慢研究我的提案。

教：当时是否有入网的想法？

邝：入网是后来的事情。当时资助学校的方式是帮学校、帮教职员、帮学生这些原则。

教：当时提出来，慢慢推动，然后不断的修正。

邝：我都是这样想，好像是这样。

教：第一届立法会是1976—1980年，您是否在这段时间进入立法会？

邝：对，大概是这个时间。那时候还有一个中文合法化的提案，宋玉生很愤怒，结果要暂停会议，何贤跟我说不要再提。除此之外，还有一个提案。当时学校给予教员的待遇真是很差。当年我任职立法会，学校的月薪大概是千元多，但其他学校的教员的薪酬，普遍是很低的。我曾经有一个“教育工作者免税”的提案。我仍然记得提出“资助不牟利私立学校”的提案时，学校是要交税的（特别是私立），办学俨如做生意一般。还有，当教员的薪金达到一定的水平，当时的标准好像是百余元，必须缴职业税。所以我提出教育工作者、学校免税。后来争论了很久，学校免收税，但教师仍要。当时的法律有灰色地带，医生、公务员可以因此免税。经过再三的争取，教员也被列入免税的行业。早年的东亚大学教员也是不用交税，到最近才恢复缴税的义务，公务员也如是。

教：澳大还是东亚大学的时候，不需要交税。

邝：大概我觉得这几个提案特别重要，对教育界的影响比较大。另外，我觉得澳门培正有几项措施值得一提，杨秀玲也有份参与这些措施的制定。当时培正有很多规章，其中一期校庆的特刊，我忘记了是哪一期，当中有提及教职员福利。当时教职员有福利条例，又有退休权条例，退休条例后来改为公积金条例。

退休条例大概是这样的，工作到 65 岁就可以申请退休。但我到了 65 岁的时候，因为校董会要求我继续留任，所以续任了三年，到 68 岁的时候，我再次申请退休，校董会又不批，到了 70 岁申请退休方才成功。所以我一退休便移民美国。

学校退休金条例有一个很大的缺点，就是如果申请退休的人在校服务年期很长，学校将无法支付巨额的退休金，故后来把条例改了，当时只余下五个人能够享有旧制的福利，其余都改用公积金制度。我觉得改革后的制度好一点，教员一入职，学校和教员各付百分之五，五年之后学校加百分之一，最后加至百分之十。到退休的时候，便可以全数拿到一笔公积金。

教：退休的条例源自五六十年代，抑或是 70 年代？

邝：我当校长的时代已有。

教：我指的是退休金这一条规章。

邝：在广州的时候已有。澳门培正只是把这些条例“搬”过来。

教：我曾经看到一些资料，显示培正给予教职员的待遇是相当好的。例如：当初培正兴建大楼的时候，腾空了若干房间，以低廉的价钱供教员租住。

邝：对。培正九十周年纪念大楼。

教：没错。

邝：兴建培正大楼的钱由培正自行支付，但学校却把其所收到的租金用作教职员福利。

教： 对，所以培正在教职员福利这方面做得很好。

邝： 当时杨秀玲也参与了那次校务会议，我在校务会议上提出，并得到校董会通过。我觉得培正在教职员福利方面做得不错。后来，不断增加其他的福利。

当时镜湖医院恰恰有很多人退休，所以镜湖想把退休金改成公积金，于是我便把培正的公积金模式介绍到镜湖去。现在镜湖都是行公积金的制度，很多学校都相继仿效，澳大好像也如是。

教： 比例上可能有所不同，但基本概念相同。这点是很重要的，因为早期连这个概念都没有。在有公积金制度之前，如果退休的人数较多，对于机构的负担就会很重。

邝： 对，我知道很多学校的退休金是一整笔支付的。当时培正还余下五个人可以享有退休金，有四位已经不在了，我是最后的一位了。退休金不是一整笔支付的，而是按月支取，所以是永久支取的。如果能够多活一点时间，就可多享这个福利。

教： 按月支取。

邝： 现今环境，在只有薪金数千元一个月的情况下，说难听一点，连三餐膳食费都不足。相对而言，培正对教职员的福利已是很好。

教： 您个人认为这种制度对于维持培正的教师队伍的凝聚力和归属感是否有帮助？

邝： 当然有很大的帮助。但我觉得现在社会的势头，当一名赌场的荷官比当一名教师要好。

教： 目前的情况的确如是，但五六十年代的情况是怎样的？

邝： 就当时的情况而言，的确很重要，这个福利稳定了一批教师的心理。

教： 五六十年代的时候，培正的教师队伍是否十分稳定？

邝： 比较稳定，在校内服务 30 年以上是很平常的，我在培正一做就是50年。我觉得教师的稳定性对培正教育服务有很大的好处。现在我想起来，我做校长的时候，培正有很多规章，我记得有一次跟杨秀玲说过：这个校长是执行规章，所有的事情不是校长说了就算，校长在这方面都是没有权的。

另外，在学校校务上，我是十分重视校务委员会，这是培正的传统，从黄启明校长的时代已经如是。从前的培正有正校和分校（即澳门、香港、西关、东山四间分校），各自有一个校务委员会，各地分校组织自己的校务委员会，学校的一切校务交由委员会决定，当然，有些事情仍然要经校董会的同意。我记得校务会由学校数个主任来组成：教务主任、训务主任，还有事务主任，以及一名庶务，另外有教职员会的主席，以及科务会议主任，当时有国、英、宗、自然科学等几位。杨秀玲是英文科主任，所以她也有份出席校务会议，关于会议的事宜，她应该清楚。在这会议中，我们会详细地谈及培正的财政预算，当时培正的规则与规定都是在广州传下来的，所有学习费的收入，即学费，当中的百分之七十五是用作支付教师的薪酬，余下的百分之二十五是行政费用，一般是不足以支付的，所以校长要负责筹募经费。

教：这都七八十年代的事情了。

邝：对，已是七八十年代的事。你可以请杨秀玲回忆校务会议的事情。学校初期财政预算的执行是很好的。现在说回来，当初澳门培正在卢家花园办小学，后来向何贤先生购入卢家花园。何贤先生有一间四益公司，何贤、钟子光、刘柏盈，以及另一位何先生合资购入卢家花园。购入卢家花园后，何贤跟我说，那边我要，他打算翻修春草堂，供何贤的父亲和钟子光的母亲颐老，但后来两老人因迷信而不愿意入住，故何贤曾把地方借给岭南，最后给了政府作公园。

当时培正没有钱买卢家花园，所以是一直租用。当时我还没当上校长，只是教导主任。后来，赵主任（黄启明师母）让我去处理。何贤问我尚欠多少钱，我告诉他还欠四万元，他随即表示大丰银行可以借钱给培正（培正收取学费是透过大丰银行）。一直到林湛（昭云）接任校长，当时我陪同林昭云校长去见何贤先生，那时大丰的总行还在新马路，何贤先生打了内线电话，叫人把欠单拿出来，当时还以为何贤先生要追回欠款。借款的时候，声明培正需要一年还款一万元，但我们无力偿还。何贤先生亲手把四张欠单交给我们，要我们拿走并撕掉，我们也感到愕然。于是我问校长该如何处理欠款的问题，校长提议请求何先生把这四万元当做捐助学校的助学金。但何先生表示捐钱从不求名，我们便建议用他的原配夫人郭绮文女士的名义捐款。何先生答应了，于是成立了郭绮文助学金。何先生也有捐款至东亚大学成立助学金，但助学金也不是以他的名字来命名，可见他做善事的目的不是为了个人的名声。由于何先生的襄助，从那时起，澳门培正才“真真正正”有了校址，此举对培正帮助很大。

教：也就是说，从林湛接任培正校长开始，培正就有了“真正”的校舍。

邝：不是，早已经有了，只不过仍然欠款。日后当我们盖培正大楼，也是没有钱，捐钱捐得太多也过意不去。当时我们把收到的学费存入银行作定期，按月有些利息的收入。若学校需要用钱，就到大丰银行透支。我们得到何先生很大的宽容，培正透支很大，但还款利息却很低，所以何先生对培正的帮助真的很大。

教：做善事不求“名”是很难的，何况在当时的社会经济环境下，拿这么多钱来做善事真的不容易。

邝：现在谈校务会议吧。教师的任期和教职员的奖励都在会议上决定。

教：当中还有一些明信片。这是校务会议，很多的事情是否在校务会议中决定?

邝：是的。一切大大小小的事情都是经校务会议决定的。关于这些你都可以问一问杨秀玲的。

教：那我们要访问访问杨秀玲。

邝：如果你们要到广州培正找资料，可以联系广州培正同学会。同学会有一位叫朱素兰，她已退休了，她从前是副校长，现在还是同学会的副会长。

教：做访问最重要的是知道跟哪一个人接触。

邝：我待会儿把她的电话给你们吧。她是谦社的。

教：谦社大约是1970年毕业的。

邝：我都忘了。

教：培正把不同年份毕业的学生以不同的社作区分，我觉得这种做法很好。还有我想问一问，您刚提及四间（香港、澳门、西关、东山）学校，我想知道西关这间学校的情况如何？它是不是一所女校来的？

邝：它不是女校。西关的那所学校仍然存在，即西关培正小学。东山有小学，即现在位于东山区的东山培正小学。这是培正道（培正前门的那条路）；香港也有培正道。

教：用一间学校的名字来命名街道，看得出人们对这所学校的重视程度。

邝：很多学校都会出现上述的情况，不过培正的确是比较受人重视的。

教：您过去当校长的时候，除了教授学生书本上的知识外，在德育方面也都很重视，对此您还提出了一项有关德育问题的提案。

邝：在校长的任内，我曾经提出三个方针：一提高教学质量，二改善学习环境，三维持传统校风。爱国，爱校，生活道德的修养，都很重要。我觉得中国传统的教育理论很好，“修身、齐家、治国、平天下”，“平天下”就是世界和平。我觉得在德育方面，学生自身的道德和价值观念是很重要的，“齐家”意即学生回到家中，要使家庭和谐，治国就是爱国主义教育。

教：培正对于学生在德育方面的培养，是否也会透过课程或者举办活动来加强？又或者是教师除了讲授课本的知识外，也重视学生在德育方面的发展。

邝：培正在澳门办学的初期，有一门公民科，内容主要是国父的三民主义思想。当时评分所用的等级，是圣、贤、才、智、平、庸、愚、劣，就像现在的 A、B、C、D，当时的公民科分八级。我当时教公民科，曾说：愚就是我这一级。所以我觉得中国传统都有其特色，比起 A、B、C、D 等字母更有意义。

教：要求学生达到“圣”和“贤”这两级真的不容易，对现今的学生来说，这只能够是一种理想。

邝：培正对于执行校规是相当严格的，广州培正的校规中有缺点、小过、大过、停学和斥革。学生严重违规，会被立刻开除学席，轻的要罚站，后来因罚站是体罚，所以取消了。初中学生已要罚“托枪”，即是将木棒放在肩膊上。当时有一个笑话：有一名寄宿生因触犯校规被罚，不能享有每月一次外出的权利。学生没回家，家长到学校找，看见自己的孩子抬着木棒，便问他做什么，那位学生就回答是在站岗当守卫。此外，学生连续两年留级即要停学，他们可以转往别的学校读书，要重踏培正的校门，必须经考试及格，始再取录。

教：是否即离校，然后再重考入学试？

邝：这是比较消极的做法。曾有校友这样说：培正能培养出色的人才，但不能培养出色的“坏蛋”。

教：教育真正的目的并不是要所有学生都成为圣贤，只要学生日后能够为社会作出贡献，教育已算是成功了。

邝：“红蓝精神”是培正的传统，我们要维持传统校风。

教：红蓝精神中的“红蓝”有没有特别的意思？从前广州的岭南的代表色是红灰，培正则是红蓝。

邝：培正校旗是蓝底红字（“培正中学”这四个字是红色的）。红蓝精神即培正精神。故起初“红蓝”没有什么特殊的意思。但后来有人对“红蓝”作了不同的解释，其中一说是红色代表积极，蓝色代表稳重；甚至有人解释为红色为共产党，蓝色代表国民党，培正就是两者的结合体。

教：其实纯粹是因为校旗是蓝底红字，但后来的人对此却有不同的解释。

邝：多年前，有人指培正的人在内地与共产党的人有很多交往，在台湾又有如梁寒操等国民党的名人，所以红蓝都有。红蓝精神其实就是培正精神。

教：我们打算为您做一个生平大事记，把每一年特别重要的事情记录在内，例如，您在立法上提出些重要的提案。

邝：这些事情不要提了。

教：培正校董会曾两次派您到美加交流。

这些文件都是初稿来的，内容包括了您曾任的公职，例如镜湖董事、中华总商会顾问、台山同乡会名誉会长，等等。

培正的员工福利制度是很好，对教师、教育界都有深远的影响，起了示范的作用，希望日后能回忆起更多的资料。

邝：这里你可多写一些关于改善学习环境（即是三个方针中的其中一点）的事情。当时我们租卢家花园作校址，学校设备真是很简陋，校舍都是用木材建成的。

教：您还可以多补充一些自己的资料吗？

邝：其实我不想标榜自己。

教：这都是历史。

邝：关于历史方面，你可以看看毕漪汶，但她已过身了。她是东南学校的校长，也是岭南校友，在培正毕业。

我退休的时候就移民，已离开澳门的教育圈。

可以这样说：先有培正，后来才有我。我只是一个小人物。

教：不要这样说。我们可能会以培正作为研究的主线，方向可能会恰当一点。

邝：我觉得培正有很多东西是值得我去学习。培正真是有其存在的价值。

教：这是一个不争的事实，尤其是您领导培正的这段时期，历史意义是存在的。

邝：我觉得对培正而言，最重要的是黄启明校长。

教：他在战争时出钱又出力，支持学校，支持国家。

邝：由培正搬至东山，至他逝世为止，他一直都是尽心尽力为培正，他这份精神令我很敬佩。毕漪汶都具有这种精神。我在澳门，最钦佩的有三位教育家：第一位是廖奉基，她是粤华学校的创办人。她创校办学，不是为了个人的名与利，后来，她更把学校交托给教会，经过不断的发展，就成了今天的粤华。第二位就是余艳梅，她是蔡高的校长，她在美国取得硕士学位后回澳，她办蔡高，从幼稚园办到中学。当时我还未做校长，我经常向她讨教，她对后辈很好。第三位是毕漪汶，她是毕侣俭原配的女儿，终生不嫁，并把承受的财产全都用于办学，近年她曾创立东南学校教育基金。

在这里我可以补充一下有关中华教育会的资料，这个会是从国民党手上接过来的。中华教育会到现在已有八十多年历史，起初是由数间学校的领导人所组成。当时所有学校毕业验印要经省的教育厅或者南京国民政府的侨委会。抗战时期，这个程序不能进行，毕漪汶校长和濠江的校长黄健（杜岚的丈夫）就从国民党手中取得教育会。由于中华教育会有权验印，所以它的权力很大。当时中华教育会只有团体会员，并没有个人会员。

教：即是以学校为单位，故没有个人会员。即是有少许官方在澳代表的意思。

邝：对，代表官方。

教：代表官方发出教学文凭，但须验印认可才有效。其实是不是有很多这样的学历资料都会在内地登记。

邝：对。

教：邝校长，我们建议下次做访问时，谈谈您教学几十载的心路历程，包括什么事、哪些学生令您印象最深，对于教育制度的改变，您有什么看法，等等。

邝：教学的方法，我是属于旧的一派。

教：不要这样说。从培正的转变可以看出澳门教育制度、情况的发展。

邝：我觉得在澳门从事教育工作的人，可分为五类：教育家、教育工作者、教工、教书匠、教育捞家。我觉得自己充其量是一名教工。

教：您太客气，也太谦虚了。对澳门教育界作出这么多建树的人，不可能只是单单一名普普通通的教工。

邝：我还记得在坪石那个时代，有一位来自星子小镇的家长对我说的一番话。她的话反映了当时社会，甚至是现在一些贫穷地区的情况。在她的村落里，孩子小学毕业，回到祠堂是秀才的身份，中学毕业是翰林的地位，大学毕业更被视为状元。故在分猪肉的时候，分量的多少就取决于学历的高低。当年我们在坪石培联，只可以读到中学毕业，可见当时的教育是何等的落后，所以澳门未来的教育发展就有赖你们了。

教：她的这番话说明了培正的教学水平。当时的学生要进入大学也不是一件易事。

邝：我记得当时岭南有八百名学生，但现在人数已过万。

教：升学的机会增加了，学位反而贬值，也是不争的事实。

邝：澳门实在太过公平。专上学院太多了，比香港还要多。

教：希望更多人读书，但同时也产生了另外一个问题，就是水平下降，这就是普及教育与精英教育的矛盾。

邝秉仁先生专访(四)

受访人：邝秉仁先生（邝）

访问员：郑振伟先生（教）

日　期：2006 年 7 月 4 日

地　点：邝秉仁先生寓所

教：在这两个星期里，我到澳门的培正中学看了一些资料，并把当中有用的文字及照片翻了出来。校长，您看一看这些照片吧！

邝：这个我可以简单介绍一下：

这一个可能就是坪石的行政部。

这座建筑物具有粤北建筑的特色，它的屋顶是用松皮（松树）、杉皮（杉树）建成，再混合石灰和泥，将其铺在竹上，再在外层加上白灰水。当地的人称这一种建筑模式为“竹织批荡”。

教：根据当时的条件，这种建筑已算不错了。

邝：这是现在的二龙喉教会。经高士德马路过天桥，就可以见到这所教会了。

教：当时这里是不是二龙喉分教处？

邝：当时这里是澳门浸信教会的会址（现在位于白马行）。当时美南差会出钱买了这幅地，美南差会现在在港澳地方又叫做西差会。当美南差会买了这幅地后就建了礼拜堂。因为我是澳门浸信教会的会友，所以差会的人就找我商量。当时我还是教导主任。

这里有四间课室，由于当时卢家花园地方不足，不能容纳大量学生，所以就把小一、小二这两级学生迁到那里，叫二龙喉分教处。当时这里的课室很少，现在其作用已不是学校了，改称为二龙喉浸信教会。

说起来，我最近刚和别人谈起有关现在的教改问题。现在的教改要求小班教学，但培正由广州迁来澳门办学，每班学生都不超过四十人。人数过多的话，会把学生分出去。到了高中，由于师资的问题，所以把学生分为文理组：国文、英文合班，但文、理科目就分班教授。

邝：这里是属于卢家花园的范围。

教：这里属不属于学校？

邝：当年租用卢家花园的时候，这个部分也属于我们，即照片的左方。这里有一条水沟，有水出池塘，这一边是春草堂，后来我们把部分的卢家花园买下来，这个部分也是属于我们的。其后，何贤先生把那边送出去作为公园。当时澳督李安道来跟我商量，并要求在春草堂附近开拓一条路。

教：这一张照片大一点。

邝：这是春草堂，中间有一条沟，这是莲塘。当时澳督想在这里开一条路。以前这里是幼稚园，现在已拆了。

教：以前这里是正门？

邝：对，正门就在此。在广州的特刊中都可以找到这个校匾。

教：这条是什么街道来的？

邝：贾伯乐提督街。这里要补充一下：当年澳门的电话设备非常落后，电话需要驳线。那时候卢家已有电话，电话号码是

863。由于当年培正中学租下了整个卢家花园，所以培正便使用了863这个电话。后来电话号码的数字不断增加，由863改成3863，再由3863改成73863，一直的增加下去，现在的电话号码更增至8位数字。从电话号码的改变可以回忆培正的一点一滴。

教：照片右边的地方是不是上课的地点？

邝：培正初期的情况是这样的：这个位置是现在公园的入口。进入公园后，左边有一棵大树，在这个位置有一空地，当时培正在这里搭了一个棚（即是葵顶）。这个竹棚其实就是礼堂，早会或是什么活动都会在里面进行。膳堂都在这块空地内，而厨房就是过去卖公园入场票的位置。

当时的学生宿舍就是现在的行政楼。

这些是课室，屋顶是用单隅砖建成的。这里是池塘，中间是教职员休息室。在这个池塘里，搭了一个很大的棚，棚中摆放着一个送子观音（他画的比例不太好）。

这里是培正刚来澳时，作为图书馆的地方。

由门口进来的，这是接待宾客的地方。客人来到的时候，工人先要求客人在这里稍等一会，以便工人通报。

教：路程看来很远。

邝：卢廉若不一定会接见这些客人，要看情况的，接见的话才会通传，邀请入内。春草堂是接待贵宾的地方，孙中山曾入住过这里。春草堂的角落，即是近莲塘角落的那个小房间，就是孙中山及宋庆龄住过的地方。

进入门口，未到九曲桥，在它前面曾搭起一个大棚，作为音乐室、宗教室（在这里上研经班）、学生及青年会。由于当时不准上《圣经》课，所以要另外开一个研经班（即是研究《圣经》）。

在这个大棚附近，又有一个临时搭起的棚，供老师住宿。

这边是高士德马路，从前沿这条马路的建筑都是课室来的。

教：这幅是九曲桥。

邝：这一列都是课室。

教：在拍摄九曲桥时，会看到有一个亭子。

邝：这个亭子的顶部有一座石山（石山是卢廉若放上去的）。亭下的池塘中有一个井，井中的水就被引进至石山的顶部，然后水就从上往下流，当时卢廉若有一个老工人，名叫朱伯。他告诉我卢廉若每到星期四都会招待一些贵宾来这里吃饭，所以这个景色被称为“曲水流觞”。

教：这里有一张乒乓球桌。

邝：这是学校的乒乓球桌，由于这里的地方比较大，所以把它放在这里。

这个塘已被填平。

这里要补充一点：这是荷兰园马路，从前在这里有一个龙田村社稷之神的石碑，作为龙田村与望厦村分界（若是以马路作划分，即是以柯高马路与雅廉访马路交点作分界）。望厦村位于现在的美副将马路，当年的“中美条约”，就是在望厦村中的观音堂那张石桌上签订的。

邝：这里是贾伯乐提督街七号。

教：当时由正门入的时候，先经过万字钱，然后才到达行政楼，对吗？

邝：由于卢廉若当年有一辆小汽车，故在正门的侧面有一间房子作车房之用，培正初搬来时它仍在。由于卢家每年把稻谷收回来后，都要再自行加工，所以在这小车房内有一碾米机。但后来由于这部机器不合时宜，所以便不再使用了。

教：我们再来看些照片吧！

邝：这是春草堂。左侧的房间就是孙中山和宋庆龄曾经入住的地方。

教：这张照片是您和学生吃饭时拍下来的。

邝：已不记得了。

教：这是莲塘。

邝：对。从这进入就可到达娱园。以前客人拜会卢廉若，都是在这里等候，经通传后，访客才可进入春草堂。后来，贾伯乐提督街开通后，就不用走这样远的路程了。

这里就是行政大楼后面。这里原是走马骑楼，但培正后来搬入，就把窗子封了。

这是行政大楼，正门在这里，以前是从贾伯乐提督街入。

这是广州的学生基督教青年会。

这是万字钱，当时水由鹤口喷出来，注意这万字钱不是希特勒纳粹党的符号，是佛的符号。建造万字钱的原因是：卢廉若的正室信佛，所以在门口建造了这个万字钱，之前种莲花，后来饲养金鱼，这里喷水。现在全都拆了。

教：这些照片该是属于广州的。

邝：这里是芳园，里边有个校史室。芳园原是国民党时期一个高级官员的住宅，后来由培正购入。

教：再看看这些照片吧！

邝：广州的建筑物最特别之处是用竹筋、三合土作建筑材料。这座建筑已经有八九十年的历史，当年苏联的专家都要求拿个样本回去研究。现在这座建筑物还在使用中。

这个可能是古巴堂，但我不能肯定。古巴堂是宿舍。

教：这个设计比较特别。这是九曲桥。

邝：以前这里是培正的初小（初级小学）。我在这里要补充一点：广州抗战时期，中文学校是采用六三三学制，即小学六年、初中三年、高中三年。但当年培正连小学六年都有所分级，初级小学四年，高级小学两年，这个课程是由黄启明校长订立的。学生上高小五年级后才有英文课。

当年培正实行初中三年，高中三年，可以说是中国和美国学制相融为一体。民初规定小学六年学制，而外国学制则是 primary school 四年，middle school 四年（五、六、七、八年级），九、十、十一、十二年级是 high school，共分三节。黄启明校长当年认为要配合中国小学的六年学制，于是就分初级小学四年、高级小学两年、初中三年、高中三年。这是培正与当时六三三学制有所不同的地方。

教：那时候分为初级小学四年、高级小学两年、初中三年、高中三年。

邝：培正把小学分开了。

这是初小，即现在汇丰银行的位置。当时业主姓林，属林家的物业。当年初小的主任是刘耀真。

教：这是红蓝寄庐。[①]

邝：即是现在入二龙喉公园左边第二幢建筑物，是一幢别墅式的建筑物。楼下是教职员宿舍，楼上是黄启明校长和高中英文教员陈以志的房间。整座都是教职员宿舍，改名为红蓝寄庐，意思是在培正暂时寄住。

教：这是广州的图书馆。

邝：培正搬到澳门，初期就是从罗利老马路出入。

教：这是培正的水塔。

邝：这个我认得，就是“的打佬”（吹唢呐的人的俗称）。

教：这是乐队。

邝：当时叫银乐队，现在叫管乐队。

这是在外面租的学生宿舍，位于连胜路。

这是行政楼的角落。当时卢家，从贾伯乐提督街入，从右边这条走廊一直走，就会走到这个位置。

---

① 培正于1948年租用，前为美南差会东山美华书局经理湛罗弼牧师物业。后转让与澳洲华侨黄医生。资料参见《培正校刊》17卷1期（1948年10月1日），第5页。

教：这里是不是春草堂附近？

邝：这是春草堂的倒影。

教：这个叫培正管乐队。

邝：当时已经改名。

教：您拿着指挥棒。

邝：说到这里我就感到有点羞愧。

教：为什么？

邝：那些乐器是培正三十周年时，黄启明校长从美国买回来的。买回来以后就把它们搁在一旁。几十年后，当我重用这批乐器时，我发现它们已非常陈旧，所以在清洁它们时都下了一番工夫，而当中有些已不能用，所以去香港买了一些来补充。其后我发现美国和欧洲乐器的音调不一样，欧洲的音调高半音，当乐队合奏起来时，音乐总变得怪怪的，所以我就和物理科老师（黄振鹏）商量（金属乐器可以自行调教音色，但木管乐器就不行），结果黄老师自行把该乐器弄好。一些拥有乐器的学生和部分使用学校乐器的学生加起来，就组成了这个乐队。

教：这是吹口琴的培正学生。

邝：那时候的人数很少，后来有六十人之多。

教：那样多？

邝：六十人组成一个口琴队。当时曾经到香港参加音乐会，那时候黄启明仍在世。

教：那可能是 1939 年左右吧！

邝：这是红蓝寄庐，这是童军。

教：这位是赵璧兰主任。

邝：对，赵璧兰主任。这是鸭仔队。

教：这是培正五十周年照片，这是校董照片。

邝：这是国民党的党旗，这是国旗。

教：这个有没有印象？这是在培联时代所照的。

邝：这是坪石。

教：这是六十周年校庆的照片。当年举行校庆需要一个很大的场地，这个场地在哪里？

邝：现在的操场，搭一个露天的大棚。

教：这是老师和学生的合照。

邝：这些学生可能是毕业生。

教：这位是您的老师，对吗？

邝：何安东，我的音乐老师。

这个后来拍摄的，大约是在抗战胜利后所拍的，他教我的时候还没长胡子。

这位是何贤。

教：照片中的人是否在读经？

邝：对，在读经。

教：这是篮球队。

邝：这是当时的课室。

这是春草堂。

教：这位是李炎玲吗？

邝：对，是李炎玲。

教：这是不是行政楼？

邝：是。这是行政楼，这是走廊。

教：这是门口。

邝：对。这是正门。

教：这个门口很特别，有一点葡式的建筑风格，天花顶有花纹。

邝：这里有一大钩，可以用来挂大灯笼。

这一块本来是校匾，但现在已不知其在何方。校匾是木制的，上刻“私立培正中学校”。当时就是挂在这里。另外还有一块在广州培正中学，上面刻着“培正中学”这几个字。那几个字是黄启明校长的笔迹。后来我把“培正中学”这几个字拍下来，在柯高路的正门做了个校匾，但其后再拆下来，也就不知放到哪里去了。

教：这一位是不是您的朋友？

邝：不，他们都是教职员。

教：从你们的衣着来看，是不是去旅行？

邝：不记得了。

教：这是校务委员。

邝：这位是李炎玲校长。这位是赵璧兰。

教：这张照片大约是在 1949 年拍的。

邝：是，大约是这个时间。

这位是冯棠，他从美国回来后就任校长。其后他来到澳门，我们到码头接他。

教：这是暂师建新校的相片。

邝：对，建新校舍。

教：是全新建设吗？

邝：原本是两层，后来加了一层。

当时李炎玲校长把校舍买下来之后，就拆掉所有临时课室，盖了这座两层式的建筑物，每层楼有四个课室。当时筹款由李炎玲校长带领，他个人先捐出一个月的薪金，当时教职员、学生和家长都很热心，他们自发捐钱建校。培正校歌中有一句：“教育生涯惨淡营。”

邝秉仁先生专访（五）[①]

受访人：邝秉仁先生

访问员：郑振伟先生

日　期：2006 年 10 月 10 日

地　点：邝秉仁先生寓所

“加冕”是培正的一个传统。凡毕业二十五年即有“加冕”的仪式，那种帽子是仿照美国退伍军人的样式，帽子的两端分别镶有毕业年份和校徽。往后的五十周年、六十周年、七十周年、八十周年都有祝寿仪式，八十周年以后每年举办一次。八十五周年原为“白金禧”，但因谐音不好，改为“白钻禧”。

关于童军队的问题，童军队本来是全国的一项课程。这个课程主要让学生接受一些军事的锻炼，以及学习一点求生的方法，他们是要参加露营和受训的。其形式也是仿照美国的童子军，当然童军并非源于美国。培正高小的学生要参加童军，俗称“鸭仔队”，即“幼童军”；初中的童军队为期三年，高中的称为“陆军团”。学生到高三的时候，有一个月的时间，到军营集训，参加实弹射击的训练。当年，他们是在广州的燕塘军校受训。

创办培正的目的有两个，一是破除迷信，另一个是振兴中

---

① 本篇是编者与邝秉仁校长谈话的笔录。

华。要破除迷信，那是因为教友不愿意子女入读传统书塾时要跪拜孔子，跪拜的传统跟基督教的教义不同；另一方面也是要借此传播福音。至于振兴中华，当时许多新学都有这个思想，包括广雅书院。

在广州西村的协和师范学校，由廖奉灵创立，培训“普师”和“幼师”，普师可以任教小学，幼师则教幼稚园，当中学老师的，则必须是大学毕业生。

坪石时期的师资也相当好，有一位名朱志涤，原在中山大学任教物理的。

抗战时期，当坪石、桂林和香港都先后沦陷后，实际上就剩下澳门培正学校。坪石的培联以培正人居多，而桂林的培联则以培道的人较多。当时桂林培联有一位校长名温耀斌。

广西和粤北方面的教育比较落后。当地人的看法是，小学毕业的，可以在祠堂领猪肉，相当于秀才，中学毕业相当于翰林，到大学毕业，即等于状元。这多少反映了他们的教育水平和某些封建的想法。

广州浸会医院院长叶培初医生，就是叶惠康的先翁。先父也在广州挂牌行医，但他是牙医。从前的牙医，多是学徒出身，甚少出洋留学的。先父大概是在美国的三藩市习医的，孙中山在美国从事革命活动，他曾跟随孙中山参与募捐活动，但当时我尚未出生。先父曾表示全世界最臭的，一是政治家的口，一是粪门；全世界最肮脏的，一是坑渠巴，一是政治。

培正原来并不是教会办的学校。原初是某些热心教友捐输，并以义务的性质为子弟办学，到后来搬到东山，因发展迅速，应付不来，才将学校交予当时的“两广浸信和会”。“两广浸信联会”是后来的名字，辛亥革命以后，很多会都叫“和会”。当时的浸联会设有慈善部、医务部、劝学部等。慈善部下设孤儿院和学校，劝学部后来改称教育部。

先祖父当年是华工，也就是俗称的“卖猪仔”，先父则是“买纸”到美国。他本名是邝卓廷，但台山人在美国都姓“Fong”，先父的英文名字是“C. S. Fong”，“C. S.”是“松羡”。至于我的英文名字，葡文拼音是“Kong Peng Ian”，香港和护照上的是“Kwong Bing Yun”。

邝秉仁先生专访(六)

受访人： 邝秉仁先生（邝）

访问员： 郑振伟先生、郑润培先生（教）

日　期： 2007 年 1 月 17 日

地　点： 邝秉仁先生寓所

教： 这几个月来，我们到图书馆寻找相关的资料，陆续找到一些材料，也包括一些令尊的资料，那些关于嘉南堂的资料，也都找到一点。

邝： 你们把这些材料都找了出来！

这个我可以补充一下：先父是留美学生。民国初年（大概是 20 年代），他赴美攻读牙科毕业后，希望能够在三藩市取得医生执照，但当时美国人十分歧视中国人，他们曾向先父说：“你们是‘黄面佬’，只可以在唐人街内挂牌行医，其他地方一律不许。”

当年，先父是一名热血青年，刚完成医科学业，还没结婚，由于他的爱国思想，所以跟随了孙中山先生。先父乐意协助孙中山先生募捐和宣传其思想，他经常教导我，之前也向你们提及，他说：“全世界最污秽的东西是坑渠巴和政治；全世界最臭的是粪门和政治家的口。”他从来不参与政治，所以什么兴中会、国民党等政治组织，他都不参加。其后孙中山回广州任大元帅，还没当总统，当时的元帅府位于河南士敏土厂附近，孙中山患牙病，也要先父为他诊治。先父当年的医务所设备已电器化，但由于出诊时不能带电钻，所以要携备脚踏的牙钻。

教：牙科诊所在当时是否称为“医务所”？

邝：不是。它叫“邝卓廷牙科医生”。他是一名美国牙科医生，广州人称之为“剥牙佬”。当时在广州有很多牙科医生或牙科医师，若要成为真正的牙医，必须有认可学位。澳门现在还有牙科医师。

教：当时医务所的办事处是否设在嘉南堂？

邝：不是。当时医务所的办事处在“光楼”（位于中山医院第二院长堤侧的一幢建筑物），现在已经拆掉了。“光楼”是美国教会物业，门牌上写着“美国牙科医生邝卓廷”。

现在就谈谈嘉南堂的事情吧！

嘉南堂的创办人是一位牧师——张立才牧师（他是两广总巡）。他当时宣传“三益会”，三益就是“益神”、“益人”和“益教会”，由于三益会的关系而创立了“嘉南堂”。“嘉南”二字源于《圣经》中的一则故事：带领以色列人离开埃及到达“嘉南”福地，“嘉南”是牛奶与蜜的意思；后来，教会的人另外组织了“南华公司”，意即南方的嘉南。其后，它们都变成了银行——嘉南银行、南华银行。最后，教会人士又组织了一间嘉华银行。嘉华最初的行址在广州，后在香港成立分行；南华、嘉南银行则没有。抗战胜利后，林子丰买入嘉华，他在安南经商起家，逝世后即由林思显（培正校监）继承。

这就是我记忆中嘉南堂的资料，培正校史都有提及。后来嘉南堂因破产而消失了。

教：嘉南堂和南华公司于 1934 年倒闭。[①]

---

① 冼锡鸿：《嘉南堂·南华公司·嘉华储蓄银行》，《广州文史资料》第 14 辑（1965 年 1 月），第 67—79 页；李国材、杜耀华：《嘉南堂、“三益会”及有关的人》，《广州文史资料》第 14 辑（1965 年 1 月），第 80—85 页。

邝：当时培正是这样的：培正自创校以来，一直都是靠外界的支持和捐献。黄启明校长眼光独到，他在公关方面处理得很好，无论政界、商界都维持良好的关系。当时，岭南曾邀请他任代理校长一职，他却婉拒了，选择留在培正。

教：哪一个时期是培正学校发展的飞跃期？

邝：就此来说，黄启明校长的功劳最大。

现在所谓的小班制、一条龙学制，香港的中文学校，其实在黄启明时代已实行——小班制（当年培正每班不超过 30 人），就好像我毕业的那年，甲乙两班人数加起来也不过数十人而已。而一条龙制度——当年培正已实行小学至高中的学制。

教：我在广州培正找到的资料显示，荫社为 1933—1934 年度，当年培正全校共有七百多名学生，共分 17 班，高中有两班共有 63 人。但为什么荫社的毕业人数只有 55 人？

邝：当年所有大学毕业生都要经过国民政府位于北京的教育部验印确实；而中学则须经省的教育厅盖印，要参加会考并取得合格成绩才能得到盖印的资格（所谓的会考就像现在香港统一考试的模式）。

教：统考是指全国统考还是省统考？

邝：省统考。

当年与培正有联系的大学，包括北京燕京大学、上海沪江大学（后来的复旦大学）、广州岭南大学、浙江大学，等等。这些全都是教会学校，只要取得培正的毕业证书，学校就会保送他们免试进入上述的大学，而且也不用拿会考的成绩作参考。如果你到广州培正，朱素兰老师会把相关的资料给你看。

教：我在广州文德路的图书馆找到一些资料。朱素兰女士和廖汉年先生告诉我，“文化大革命”时期为了保护这些资料，所以就将资料送到文德路的图书馆，这样才得以保存下来。所以，现在很多和培正相关的资料都可以在这个图书馆找到。我也到过同学会的史料室，而文德路的中山图书馆真是一个“宝藏”。我找到的资料，其中就有和令妹相关的资料，例如她何时入职培正、薪金多少、毕业于协和女子中学等。

邝：她是读师范的。当时协和主要分为两大部分：幼师和普中（普通中学）。

教：我还有其他地方想向您请教。澳门在50年代出现了一些“侨校”。我看过一些资料，培正曾参加一些由侨校所联办的校际运动会。侨校指的究竟是什么学校？

邝：培正的校名原为“广州私立培正中学”，隶属广州，毕业学生须得到广州教育厅的验印。抗战期间，培正迁到澳门，澳门当时与内地政府失去联系，所以由内地迁到澳门的学校，有部分称为侨校，即华侨学校，由侨务委员会验印。

教：由内地迁澳的学校都称为侨校吗？

邝：不是。学校可以选择是否接受侨委会的验印，当时仍有部分学校是继续接受教育厅的验印，但大部分的学校都会加入侨委会。

抗战后期，侨委会也与澳门的学校失去联系。但当时国民党在澳门设有党支部，于是由数间天主教学校组成了中华教育会，当时的规模较小。到新中国成立后，我与王健（濠江中学前任校长，人称肥佬王）都加入了中华教育会。

教：您到培正工作，一开始便当教导主任吗？

邝：不是。1938年，我刚到培正，那时候教的是音乐。后来到了坪石，那时候培正和培道合并为培联。抗战胜利后，就再度回来，当时培正已迁返广州。当时在澳门的培正只有小学部，黄启明师母任校主任（培正只有一个校长，即是广州校长，香澳分校的校领导人为校主任）。我在当时任教导主任，即管理教务和训导。回想当年，工作是辛苦的，培正当年只租一个卢家花园，我要兼顾一星期十数节课堂，既要管行政又要处理经济问题。

教： 1952 年，培正买下了卢家花园，有了自己的校舍。

邝： 这全靠何贤先生。

教： 钟子光先生是否有份参与其中？

邝： 钟子光和何贤先生都是学生家长。钟子光的子女都在培正读书，他在澳门有很多投资。当时澳门有一个西洋人，做黄金买卖的，他的手下分别有何贤、钟子光和梁昌三人。

教： 当傅渔冰任校长后，您是否从事教务工作？

邝： 傅渔冰是上海人，他是板樟堂精益眼镜公司的老板。傅渔冰是基督徒，因为教会的关系，他成了培正的校董。他比较亲美，当时培道在白马行那边上课，校长因为爱国，发生过不愉快的事情，后来才另立培道。培道的校长比较高调，那时候我没有出面，但傅渔冰认为培道"左"，所以培正也是"左"，要辞退培正的四名教员，我是其中之一。那时候曾撤去我的行政工作，让我当教员，后来又做事务主任。

教： 这大概是 1958 年的事情吧。

邝： 后来傅渔冰校长聘专人管理学校财政，但管财务的人出了问题，最后傅校长找我帮忙。

教： 我看过培正的一些校刊，它每隔一段时间就会刊登教职员的资料。我看见您有一段时间专职于教务，之后做事务主任，然后出任副校长。我又看到培正有很多宗教活动，宗教气氛很浓厚。

邝： "文化大革命"时期，傅渔冰已离开，林湛当校长。当时圣约瑟的学生在身上挂"毛章"（有毛泽东肖像的襟章），被训导主任摘下来，掷在地上践踏，事情闹得很大。那时候，那些人也到过培正，林湛有点担心，担心让学生佩戴毛章会被标签为左校，我曾向他表示，那只是装饰品，难道女生别一个胸针也要阻止吗？大概就是这样，我们也就安然度过了。后来，澳门有

“一二·三”事件，也闹得很大。培正也停课，但培正是第一间复课的。当时我从张贤长（总督的中文翻译官）中得知“一二·三”事件的风波即将结束，于是培正就在绿村广播电台发放复课的消息，培正拉起了复课的旗帜。林湛是国民党六十三军的军长，由他当校长，一般人都不会认为培正是“左”的。所以傅渔冰时期，可以说是培正的低潮。

教：培正在广州时期已经有寄宿的制度，迁到澳门后仍一直沿用。好像某些学生是寄宿的，某些是非寄宿的，为何会这样？

邝：培正当年租用卢家花园，我记得只需500元，已是整个卢家花园，包括现在卢九公园那一边。何贤的公司后来买入卢家花园的大部分，培正学校占余下卢家花园的五分之二。当时课室用不了太多地方，所以我们继续沿用宿生制，直至澳门的“一二·三”事件。由于当时澳门政局动荡，林湛担心解放军入澳门，所以回到香港去，把我留下来。培正很多寄宿生都来自香港和内地（如中山），但“一二·三”事件后，我们担心学生在校的安全问题，那时候固然要照顾他们的饮食，把头伸出来都会被子弹打的。基于学生的安全考虑，培正就在那时取消了寄宿的制度。

教：据我所了解，培正的校规已经很严，寄宿生一周只可离校一天。

邝：不，是一个月才可离校一天，但到礼拜堂是一星期一次，由东山时期到澳门都是如此。所以，很多寄宿生星期天到白马行守礼拜后，都会到坤记吃东西，或礼记吃雪糕。

教：你们当学生的时候，是否有一份叫《荫》的刊物？

邝：对。是我们“班社”出版的刊物。

教：有多少期？

邝：忘记了，那只是学生的刊物。

教：是否在读书时期已经出版？

邝：对，当时已有，先写在蜡纸上再印刷的。

教：我在广州芳园（培正校史博物馆暨广州培正同学会的会址）的展览厅中，看到《荫》的第一期。

邝：这个刊物的期数不多，很短期的。

教：从培正的刊物看来，培正十分鼓励学生创作，例如《培正青年》。甚至您参加同学会的时候，也有出版刊物。

邝：现在一般人说的“德”、“智”、“体”、“群”四育，但培正则加多了一个“灵育”。培正在“群”方面，有数个特点，其中一项为“级社”的制度。培正的学生组织有两个，一是基督教青年会，现在广州还有青年会所；另一是学生会（初期称“学生自治会”，后来才改称学生会），当时很多学校都有学生会。学生会甚至可以管及学生的膳食，同学除了选学生会会长，即什么什么部之外，膳食部和小卖部，学生都可以派代表参加，也就是现在所说的民主。

教：基督教青年会是否举办过平民义学，由你们当教师？

邝：对。我之前也谈及，当时培正分文理两组，文组对数理科不如理组那样注重。文组分商科和教育科。商科学习会计、簿记、银行柜员、经济、银行，等等。教育科则学习心理学、教育法、教学管理等。

教：这一部分的资料还没找到。

邝：你可以到广州培正那里找。我是教育科那一组的，记忆所及，黄启明曾给我们上教育学概论这门课，后来由黄锦均接任，他好像也是从美国 Columbia University 回来的，专攻教育，在培正任教心理学和教育法。还有一位邓锡培，教商科的。

教：你可以谈谈培正教员在五六十年代生活的情况吗？在培正的校园生活中，有没有举办什么园游会或游艺会之类的活动？

邝：有这类的活动。我曾记得有一次在校举行了烧烤，我把一个大铁桶剖开两半，再放进柴生火，这样可以避免火灾。那时候教师下课后，也会相约一起去饮下午茶，就在学校附近，当时澳门很有名的瓦煲煲咖啡。

现在提出的课改，提出老师担课太重，有很大的压力等。培正过去有这样的一个制度，高中一个星期有十八节课，初中加两节，高小再加两节，初小又再加两节。现在是怎样就不大清楚了。若超过这个节数，则加钟点费。我认为高中老师上十八节课也不算太重，但班里的学生人数以及老师要承担的行政工作才是个问题。

教：我见到培正有“夕阳会”、“祈祷会”这样的宗教团体，它们是否一直都存在的？

邝：其他学校有没有，我不知道，但培正一直以来都有。培正的学生有基督教青年会，学校也有一位宗教主任，或者一位校牧，专职宗教事务。从前，培正设有圣经课，每周一个小时。但是在国民政府时期，广州培正没有开办圣经课，原因是政府不容许宗教课列入正规教学，所以，当时培正开办了研经班，后改称为基督徒团契。

教：团契在广州时期已经出现？

邝：对，开始的时候叫研经班，后来迁至澳门，才改称团契，但教会里是有团契的。

教：我看过部分资料，内有显示出不同的老师负责不同时段的“团契”这项活动。

邝：这个团契可能就是研经班，即研究《圣经》。我记得在我还是高三学生的时候，西差会派了一名老师，她是负责教高中英文的，是一位博士。她在家中办团契，我们自愿参加。她会给我们预备茶点，烘些饼食之类的。当时培正只有男生，培道只有女生，而我们是男女生一起参加团契的，应该从那个时候开始称为团契，属于教会的，那不是学校的研经班。另外，培正每月都会有一次灵修会，邀请校外的人办些宗教活动，也有举办关于教学方法之类的座谈会，对象是老师。

教：学生活动是否大多由学生自发参加，老师会否从中协助或担任顾问的角色？

邝：学生主动，这就是刚才说的“群育”。

教：50 年代，香港和澳门培正的关系如何？我在资料中知道您曾来往香港培正，讨论学生升学和学制衔接等问题。

邝：1949 年新中国成立以后，原先还有培正，后来就没有了，也就是和内地培正的关系差不多就断了。从前，培正只有一个校长，香港和澳门是校主任，新中国成立后分为香港培正和澳门培正。培正原属于两广（广东、广西）浸信会联会下设的教育部，新中国成立后从香港那边选出来一些人来当培正的校董，好像是六人，由那边将培正的管理权交由香港浸信会联会来管理，叫做托管。

教：原先是两广浸信会联会选出代表任培正的校董吗？

邝：广州两广浸信会联会有劝学部，后来改为教育部。先父曾经是校董，校董负责为学校筹募经费，同时选派校长，校政则由校长和校监共同负责，但香港浸联会则不再负责经济，只负责管理。

教：五六十年代，澳门培正与香港培正合作的情况如何？

邝：当时培正有一个特点，家长大部分都是中产人士，可以负担子女继续升学，所以培正毕业的学生大都选择继续升学，就业的较少。当时一般人都称培正为贵族学校。

新中国成立后，香港浸信会联会设有高等、中等及初等教育部。中等教育部管理香港的培正、培道及澳门的培正，它只是一个管理组织，不供给经济。

当时学生升学，甚少选择到内地的，澳门也没有大学（后来才有东亚大学），所以学生的选择，一是台湾，一是国外，例如美国、英国和加拿大，而大多数会选择美国。那是五六十年代的情形。

香港中学学制由六年改为五年，当时我曾到香港培正讨论相关事宜，最后决定是澳门培正不要跟香港改制，先观察香港改制后的教育发展如何，后再作出相应的改动。我记得当时和蔡高的校长余艳梅经常有联系，讨论澳门应否改制的问题。

对我而言，在澳门有三位教育家是令我个人觉得很敬佩的。第一位是廖奉基（粤华中学的创办人），第二位是余艳梅，第三位是毕漪汶。这三位女性，都是没结婚的，我曾经和她们开玩笑说："你们都嫁给了学校。"她们终身奉献教育。梁披云是前辈，我就更加崇拜。

关于五年制的问题，我经常和余艳梅讨论。另外，我有一位堂嫂，她在香港的教育司工作，负责会考和学制方面的职务，我也有向她请教相关的事宜。关于课本的问题，现在内地有很多课本可供选用，但当时的课本并不合用，一方面是简体字的缘故，另一方面是内容也不合适，所以这方面我要向香港方面请教，联系就是这样。至于经济方面，我们就各自独立。

教：筹款方面的情况是怎样的？

邝：这是同学会的事情，学校是不会干涉的。新中国成立初期，澳门和香港的培正仍会对广州培正作出支援，应该是冯棠当校长的时期，大概有两年的时间。

教：我曾看过些资料，说冯棠从美国回来，筹得十多万美元。

邝：新中国成立后的事情是这样的，美国人把一些资金冻结了，后来经美南浸信教会（即西差会）汇至香港，由浸信会联会的中等教育部保管，澳门培正则没份儿。香港培正小学部是私立的，就是因为有这笔基金。中学部是津贴的，用政府的钱。这些都是学校里的事情。

教：1971 年，校董会曾经派您到美国访问和联络当地的校友。当时的访问有没有达到什么预期的目的？筹款？

邝：没有筹款。因为冯棠所筹的款项没了下文，那时候很多同学会的负责人都是我的学生，曾告诉我千万不要提筹款，因为很多人不愿意出席筹款聚餐。我个人倒是有很大的收获，因为遇到的都是硕士和博士，我只是个学士，又不是教育出身。

我读你们单文经院长的一篇文章，有一点相当好，就是教改要先试行，然后才好推行，尤其是澳门的教改。在加拿大多伦多的时候，大概是70年代，我听闻那边有一间 open school，后来再问这家学校的时候，原来已经结束了，什么新的教育制度和方法都行不通，仍然回到传统的去，听闻是人的问题。澳门师资的问题始终要解决，上月才有人跟我谈过，问及澳门是否有师范大学，我表示澳门只有教育学院，但培养出来的人是否足够？现在谈的学校硬件、教师时数、薪酬等，都不是教育问题，这是我个人的看法。

以杨秀玲老师为例，她能够对一家学校有归属感，一直进修，到完成博士学位，尽管学位不是教育的，但只要是真正为教育而教育，就很好了。我很欣赏她，经常开她的玩笑，说她是小女孩。

教：80年代你曾到过东南亚访问？

邝：那次只是去马来西亚、星加坡和泰国，没有参观学校，倒是70年代的美加之行，参观了很多地方，个人觉得有很大的收获。

下　篇

邝秉仁先生文辑

第一辑　回忆及杂录

坪石培联忆旧

抗战期间，培正与培道设联合中学于粤北乐昌县之坪石镇。坪石位于粤北边陲，与湖南宜章县接壤。校址前临浈水河畔之连坪公路（由连县至坪石车站）。傍倚白沙河，后枕松山群丘，遥望金鸡岭，山川明秀，诚优美之修学环境。当时遍地烽烟，培联设校于斯，暂离战祸，可称世外桃源，惜乎四载匆匆，日寇兵临，致使大好黉宫，毁于一旦，坪石培联，只能在红蓝史上留一鸿爪而未能发扬光大，言念及之，良堪惋惜。

坪石培联创于一九四一年三月，经邝乐生主任、林瑞铭主任、赵恩赐校长等之策划领导，员生工友之惨淡经营，社会人士、家长、校友之协助，在荒山野岭、蔓草丛林中逐渐发展，辟建大小校舍凡七十余座，分区布置于六小丘间。校舍采用竹织灰坭批挡作墙，杉皮盖顶，建成校务处、礼堂、青年会所、图书馆、科学馆、医院、课室、膳堂、厨房、员生宿舍等建筑物，虽云简陋，然设计精巧，对讲学修业、宗教灵修、生活居停均切实用。校内复设文具、食品、洗衣、理发等小肆，生活用品供应俱全。旷地辟为运动场或园圃，员生得以锻炼身体。校舍间筑大小道路相连，校园虽地势崎岖，往来亦无不便之感。

当时坪石因僻处群山峻岭间，远离战区，无战事空袭之虑，又因粤汉铁路与连坪公路相交于此，交通便利，故除培联外，有岭南农学院，中大工、法、师范等学院、附中及校本部，广州文化学院，连胜中学，粤汉铁路扶轮小学等建校于斯，俨然成为粤北文化区。粗知当日培联同工现留港澳者有梅国芳牧师、唐马可校董、吴华英主任、冯秀华、黄逸樵、梅修伟、何国勋、刘达廷、蔡育贞、黄伟才、吕权广、甘洁贞、张新基、钟华耀等先生与笔者，时李翠侬主任长粤汉铁路扶轮小学，黄灵根（锦均）老师长中大附中，马思聪校友任中大师院教授，李若梦校友任中大校本部校医，许天锡先生任坪石基督教青年会学生服务处干事，其他就读于附近各大学之校友，或粤、港、澳亲朋之旅居坪石者为数颇众。假日偶遇于坪石镇（离培联约五里）或水牛湾（粤汉铁路坪石车站所在地，离培联约里许），把晤交谈，倍形亲切。校友朱达三、杨维忠、莫京等先生，梁翰藻、寒淡昆仲等亦尝到培联小住，咸赞斯地之美景与设备之完善。

自培联建校以来，校誉日隆，港澳与别地青年来学也渐众，一九四四年春曾多达八百余人，教职员凡六十余人，其中除由港澳原校来坪石任职者外，复聘得毕业于中大或岭大之校友及附近大学之教授、讲师担任教席，师资堪称优良。学生学习风气浓厚，盖当地无都市繁扰之风，且战时一般青年咸知国难日深，非力学不足以言抗战建国，故大都能潜心向学。培联因环境优越，无战事空袭之虑，师资良好，学生学习情绪高涨，故学业成绩能保持高度水准，一九四四年高中毕业生投考各大学，成绩大都名列前茅。

学校生活实施军事管理：每晨吹号起床，浣洗后整理宿舍内务，继而升旗、早会、晨操，早餐后开始上课；午膳后复上课、或做军训、体育及其他课外活动。课余，员生多临白沙河浣洗游泳，河宽约四丈；水清沙白，深仅及脐，终年不涸，两岸鸟语花香，林木青翠，浸沐其间，大可洗尽整天疲劳。饭后黄昏，员生三两成群，散步闲谈于校前公路或校内松岗，白沙桥畔，林荫校道，遍布游踪。入夜，学生晚读于宿舍，焚膏继晷（坪石无电力供应，只用油灯），书声琅琅；教师则在家中批改作业或备课，挑灯濡笔，未尝稍懈。夜深，睡眠号响，各皆就寝，斯时也，万籁俱寂，只闻松涛声响，此大自然之催眠曲使人皆酣睡，浑然忘劳。

课外生活，多彩多姿，学生社团组织除各班社外，有青年会、学生会、剧社、歌咏团、球队、健身队、宗教团契等。每周末，日间有球赛、游戏或远足旅行等活动；夜间在礼堂由各社团分别主持各项活动，举行戏剧演出或比赛（学生曾演出《雷雨》、《野玫瑰》、《重庆廿四小时》、《心病者》、《沉渊》等名剧，教职员曾集体创作将雨果名著《悲惨世界》改编舞台剧《银烛台》，由教职员担任演出），音乐演奏会或歌咏比赛（节目由歌咏团或同学教师担任，间或邀请名音乐家来校演奏，曾来校演奏者有马思聪之小提琴、伍伯就之独唱、邝智仁之钢琴等），每次晚会均有附近友校员生或家长、校友来校欣赏；课外生活，可称丰富。

抗战期间，国内金融殊不稳定，物价波动，一般受薪者之生活备受影响。学校获得家长支持，于每星期开课后除将学生缴交之学米存储外；并将所收之学费或学米代金（当时学费系收学米及现金各半，学米可用现金折价缴交）购运湘米存储或购存实物，教职员薪津除发现金外并发给食米、食油及灯油，粮食问题得获解决，不受物价波动影响；其他副食品则赖岭大农场及铁路苗圃牧场供应，或在镇上墟场大批采购存储，不虞缺乏，员生生活得以稳定。教职员及其家属，大都于课余之暇种植、养鸡，借以帮补生活所需。初时种植，因不谙地土之性质及灌溉、施肥、除虫之法，成绩极差。某师尝戏拟一联以讽老师种菜之失败，联曰："逢种白菜必成干，偶植芥兰只见头。"几经失败、研究、改良，才得成功，所种番茄、花生、瓜、菜等农作物，收获甚丰，养鸡繁殖成绩亦佳，对营养不无补助。教职员及其家属从体力劳动中得享其成果，亦战时生活特色之一也。

培正、培道两校均系奉　主名所设立之学校，对于宗教生活及灵修研经，素极重视。当时政府虽在课程中禁授圣经科，但员生有基督徒团契及青年会组织，传扬真道，从未间断。每逢主日，在青年会所举行主日学及主日崇拜，每月并守圣餐，由宗教主任梅国芳牧师主持，或请坪石浸信教会主任传道彭字腾先生及校内宗教职员担任讲道，参加者除校内员生工友及教职员家属外，附近教友及慕道者均来参加。早晚有祈祷会或研经班，教职员经常举行灵修会及家庭聚集，宗教气氛，弥漫培联。

一九四四年夏，日敌陷衡阳，复沿湘桂线侵占桂林、柳州，粤北告急，培联员生迫向星子、连县疏散，而曲江一带机关学校又疏散来坪石，培联竟又作临时疏散站。秋季始业时，局势稍安，员生返校，照常开课，但人心惶惶，学生人数大减。是年为培正创校五十五周年纪念，学校当局在时局紧张中亦积极筹备庆祝，员生爱校热诚，未尝稍减。圣诞节日举行隆重庆祝会，晚上有盛大游艺晚会，演出名剧《沉渊》、演唱圣诞名歌《齐来崇拜变奏曲》及其他游艺节目，情况热闹。

一九四五年元旦过后，学期大考已公布于月中举行，突悉日军山岳部队从湘西经星子东窜，有袭坪石夺粤汉铁路之势，学校当局即宣布放假，员生急疏散乐昌，全部重要文件及贵重校具亦随同撤退，只余林瑞铭主任、黄伟才主任、孙恩荣先生与笔者等数人留校观变。及至紧急关头，铁路当局宣布最后列车南下并准备炸毁桥梁涵洞，迫于无奈，相顾仓皇，乃弃校奔赴乐昌。犹忆离校过白沙桥头，回望坪石培联不禁唏嘘感喟，林主任凄然曰："忍将四岁亲儿，遽尔抛离，宁不痛心？"言已，热泪盈眶，闻者相对黯然，此情此景，迄今思之，犹历历如在目前也。

兹逢母校七十周年纪念大典，澳校印行特刊以示庆祝，承嘱撰述坪石培联往事，谨就记忆所及，草草写成，有如上述，错漏难免，但追维旧事，已慨叹万千，若论述往思来，则又感念教育事业之艰巨与重要矣。

九月十二日早会邝秉仁先生勉同学克服缺点

九月十二日（星期一）周会，由教导生任邝秉仁主持，将过去一年同学表现的优缺点曾作详尽的分析，对同学多所勖勉，其讲词如下：

各位同学：新的学期开始了！旧的学年过去了！我们过去的一年，可有什么好处？或有什么坏处没有？检讨过去，策励将来，新的一年的到临，我们应该怎样做呢？我想和大家谈一谈！

“好”的是什么？——我们学识多了；身体比前长大，比前强壮了！这是从个人的看法，从群体看我们还要看看同学的爱校热情。有一个同学的家长，因为家境不好，要那同学转学他校，但那同学转到别校时，竟流着眼泪，不肯进门；有不少同学在暑假期中也天天回校玩球的；经常回校问候老师的……我更回念去年七十周纪念的时候，我们师生们忙着工作，忙着招待，把七十二席的宴会不是做得很出色吗？旧年高三正社同学把余下的一角储金全留与学生会帮助贫苦同学，这种爱校的事例多动人啊！

还有，我们师生的感情向来是非常融洽的，如兄如弟，同学与同学之间的感情也是非常亲切的，这是我们传统的澳校特点；同学们在课外生活中，常表现了很强的工作能力，这也是众所承认的。

那我们的缺点是什么呢？

一、上课秩序仍未达到完全安静；二、学校环境卫生表现未达理想；三、有少数同学对“爱护公物”还未重视；四、部分同学对功课懒散，不专心，虽然老师多方督促，也不见效。

以上提的优点，我们要保持，加强，提的缺点就要改善。我愿在开始的第一周，向同学提出衷诚的要求：

一、去年我们已提出尽力逐步把各科的程度普遍提高，我们在师生的合作下已有一定的成绩，这表现了老师认真的果实和同学本身努力的结果；希望今后同学应与老师们更加合作；继续提高程度！

二、我们要更比以前团结，更要真正培养红蓝儿女一家亲的感情，有时老师对你犯过后的责成与处罚，有如医生动手术给病人割症的过程，病者可能有痛苦的感觉，但把你的缺点割除，你就会恢复健康，教师们运用了一切的方法，不外想教育你做一个“好学生”罢了！

三、我们要把上学期所发现的缺点尽量克服：守秩序；注意清洁；爱护公物……务求积极地锻炼好自己的品质，人人成为一个“好学生”。

一九六八年级仁社成立纪念会讲词①

接着邝秉仁主任和班主任梁寒淡老师也有讲话，邝主任说：“我衷心地祝贺这株红蓝新苗——仁社的诞生，‘仁’是做人的道理；校歌第三节末句：‘基督为心一点仁’；马太廿章廿八节就表示了基督的心：‘正如人子来，不是要受人的服事，乃是要服事人，并且要舍命作多人的赎价’；孟子也说过：‘仁民而爱物’，持博爱心，不只爱人，还要兼及物类。因此，我们有了级社组织，便要发挥群体力量，互助互励，发扬‘仁社’精神——

① 标题由编者所加。

‘非以役人，乃役于人’的基督精神。”

偶拾篇

回忆东山三十多年前的新河浦小河，小艇如织，供“情侣”、“游伴”游其夜河之用，公价每小时二角，每当月白风清，“小艇”们来来往往，有“鱼生粥”，有“糯米麦粥”……叫声清脆迷人，此种情调，足与西关荔湾相媲美，荫社同学享此课余清福者固多，因地济宜而玉成佳偶美眷亦属不少。

荫社高中二那年开的一次晚会，简直代替了一般班社的“级夕”。因为我们“咪”家出众，预知高三升大之年，“级夕”不暇筹备矣。故提早一年“开”之。

会中节目丰富，为前所未见。傻“秉”指挥乐队，傻淡担纲话剧……不在话下；最使人回味不尽的，是“集体”送执信女生，“集体”返回她们郊外校舍的途程，一时不约而同地，由“集体”慢慢的转为“个别”，不少人恨路程太短暂也。

且观乎翌日，同学们写信频频，隔几天又收信频频。本社曾有女友为“执信”者，或现在尊夫人是“执信”者，回味斯情，自有其“会心的微笑”。

*　*　*　*

吾侪在母校时之“少男”时代，不论在课室之栏，操场之侧，宿舍楼头，每见丽姝，必发生浓厚之兴趣，虎视眈眈者有之，旁窥斜视者有之……实与生俱有青春期间必有之天性也。

每遇此种机缘，必有“供诸!”之呼声。究“供诸”两字出自何经何典，卅余年之后，仍未见有人考据。

是否创此呼声的涵义，乃邀友侪如发现宝藏，勿忘“供诸同好”乎？（编者按：“供诸”者“攻 G”之同音，进攻 Girl

之义。)

*　　*　　*　　*

傻淡虽“写作”及“演讲”见长，但各科成绩平平，体育科特差，在中学时期从未摸过篮球，众所周知者也。

初中一时，校仍以“国技”为体育成绩，由“老兄”刘师傅授徒，课程为“十二谭腿”。每临考试，规定五六人一组，一个跟一个排队，逐组测验，傻淡老不肯站于“首”“尾”之位，拼命争站中央，使刘师傅一时莫明其妙。过后他对人说“前后为师，拳拳正确，争取及格，免致出丑”云云。此君应早受“停学半年”之处分，因全靠“旁窥”而获考试成绩也。

*　　*　　*　　*

记得高中毕业旅行清远，我们由班主任陈黄光先生领队。

沿一道长长的乱石溪流，直上“洞宾仙观”，不知何解，此观山下用木标明：“谢绝女客登山。”

我们几十个男士，上到“观”来，如登仙界，如居伊甸园，实行还我本来面目，“大块假我以文章”诚惑此乃连伯氏之辈所渴望天体浴之圣地也。

其中不肯“坦白”者唯一人耳，陈黄光先生。同学们求之不得，索性强制执行，陈老师无可奈可，迫得与小子们一致行动。

时师生能如此打破了“隔膜”，可谓破培正纪录矣！

*　　*　　*　　*

荫社在初中二时成立，成立之日，其“答词”为我班国文科杨景梅老师所拟，由林正同学朗读。

“答词”之起句为：“学海无涯，年命有限，此而相随，哲人犹以为怠，然有志之士，恒着祖生之先鞭，嗟美人之迟暮！……”末句为：“……始作玉成者之功，无可限矣。”

卅多年——差不多四十年前的一篇荫社文献，还不曾全部泯灭，可见当时当事印象之深也。

*　*　*　*

罗伯乐同学，是荫社短小精悍的人物，为人有豪气、有傻气、有怪气。当年南拳倡导者李建陵先生之高徒，向具“占士格尼”风，确然是“一身是胆”者。

此君除酷爱体育之外，对话剧亦有兴趣，有一回曾自编独幕剧，代表本班参加比赛，彼饰演一妙龄少女，借来一件薄薄的女人旗袍穿在身上，而内衣尚为保留球赛号码之穿窿背心，并以两个面包装胸，其“惹火”处可想而知。

突然，台下哄然，因其表演动作过剧，把左边一个面包跌下肚皮上，其时，只有闪电拉幕而已。

*　*　*　*

班际戏剧比赛，每学期多为学生会或青年会主办，每级例有五元补助，以补助其服装、布景、化装各项费用者，故稍认真参加比赛之高班班社，必不敷数而必须补贴。

时我班为中学之最低班，自知参加比赛必是“番鬼佬睇榜”，但有几个同学，争着报告代表本班演出先领来五元，大“擦”一顿，演出前两小时，才在后台编剧，分配角色，临时罗伯乐不肯扮演“媒人婆”，在开幕前十分钟才决定由梁寒淡充任，其过程真是惊险也。

（编者按：番鬼佬睇榜，广东话，从左至右看，末尾变作第一。）

*　*　*　*

张济川老师，是本社初中一时之国文老师，小榄人，花名“牛伯”，与“史哥”齐名，形成初中一最难过之中文、英文两关。

某同学考试时撕了一页书作弊，事发，“牛伯”大怒，声言“偷书看事小，侮辱圣贤字墨事大！非斥革不可！”

巫擎巫杰、其姊一坤等，专聘其返家作国学补习教师，解四书至“寡人有疾，寡人好色”，杰等人细鬼大，“挈”然而笑，牛伯曰：“寡人好色有什么好笑？这是天性，你们不见苏虾仔也喜爱有颜色的东西吗？”可谓妙人妙语。

（编者按：苏虾仔，广东话，指襁褓中的婴儿。）

*　*　*　*

史泽民先生，当年母校著名英文科老师“史哥”，亦称“史可法”，初中一时，人人都说：“最难挨是史哥关。”

史先生头光可鉴，数十年如一日。

我社离校廿五周年晋升元老之时，曾请史哥“加冕”，惜两年后便作古人，吾侪后人，无不惋惜。

有一次，史哥在“Use the following words to make sentences:”一题中，有“because”一字，我们有一同学，竟写上：“I am your father, because you are my son.”史哥无可奈何，只给分一半，以示薄惩其对老师有侮辱意而已乎？

*　*　*　*

唐炳荣老师在我们初中一那年是教务主任，也是卫生科教师，翌年因肺病去世，年仅卅九耳。

记得他教卫生课本，教至“生殖器官”一课，竟越过不教，问之，又无理由，此类常识，无怪乎同学们以后全靠自学得之。

学此而见天才而见成绩者，当数亏佬“粤”矣！

*　*　*　*

寄宿同学李中英，怪事之多，人皆知之，其怪“笔”笔锋，够中气，曾受冯星衡老师所赞，至今还有社友乐道之。

此君穿袜子数以“打”计，每对穿够时日，必飞掷于蚊帐顶，月积有数，异味熏室。至暴雨，以小绳系集臭袜，以竹枝挂于窗外，任由天然雨水洗涤，淋三数日，续候太阳晒干，全部又可作第二次之穿着矣。

*　*　*　*

单伦理老师，“老兄”产也，其“广东话”之未合标准，至今犹然。

忆其初来授课，人生路未熟，对吾侪“丘九”，无法镇压，因言语不通故也。

有时上课，尝用派糖果以联络情感，似稍见收效。

一日，有好事者，抹黑板后，特大书“跳那省”三字于黑板上，全班同学莫明所以，俟单老师入室皱着眉头，不由自主的将板上三字用其“老兄”土音读出，引起举班之笑声，原来口气有若广州的“三字经”云。

*　*　*　*

“初中二”之年，荫社成立班社，职员会通过征求社友班旗图样设计，入选者获奖金三元。

傻淡、傻秉数人首先争得本社画家伍作德入伙，合组谋事，座谈结果：

以四方形象征“德、智、体、群”四育并进；

以三角形象征“智、仁、勇”；

以两撇禾穗象征叶荫下的生产果实；六十倍，一百倍。

以 P. C 两字代表“培正”之简写。

*　　*　　*　　*

你一句，我一句，来者不拒，伍作德照写照画。

彼等仅费“吹灰之力”，三元奖金到手，因投稿者只此一张也。

*　　*　　*　　*

抗战胜利归来的第二年，物价通货膨胀，币值低降，一日数跌。

某月十八日，荫社社友辈假广州市朝天路市立第一小学叙餐（因当时社友梁寒淡任市一小校长故借用方便）。

查是次叙餐之进支数目如下：

到会社友十八人（每位应缴叙餐费八百万元计）总收入餐费为一亿四千四百万元；

支酒菜两席（伍千万元一席计）合一亿元；

支打赏六百五十万；

支香烟、瓜子、生果壹千万元；

支汽水四十一支（四五算）共壹千八百四十五万元；

支炭三百五十万元——

五项共开支一亿三千八百五十万元。

进支比对尚存五百五十万元。

究所存余欵，如何处理，今已无法追忆，如能索回，则我社“会址”，可在港市中心区建其十层大厦矣。

*　　*　　*　　*

张变，去年在港母校已告退休之张亦文先生也，张先生教我级之初中三英文，每授课，咸露其包公铁面，难逢一笑。

一踏入课室，每听其带有肇庆的高要语风："Close your books. Look at the board!"我们知道又要"日常测验"，难逃"法"网矣（"法"者，英文文法之法也）。

某年，张婚，仅请假三天，待其再临课室之日，同学们有意买好，黑板写满了"祝君爱情永笃!""恭贺新婚之喜!"等话语，如此，以为"新郎哥"必不测验矣，谁料，此仅博其难得之一瞬微笑，笑容骤敛，众又闻其"Close your books..."之声矣。

一九六七年度澳校毕业典礼纪盛

……邝主任对到会嘉宾、家长、校友表示衷心感谢和热烈欢迎。略谓：本校已有七十九年历史，迁澳迄今亦达卅载，培正由教会创办和主持，前贤努力，社会人士与家长爱护和支持，老师的辛劳，同学的爱校，总算获得了一些成就和发展，本学期全校学生人数达一千四百三十七人。教职员五十六人。中小学幼稚园共有廿八班，因课室未敷应用，年来常见额满见遗，使不少子弟未能如愿入学，深感抱歉。

邝主任继续指出本学为基督教浸信会所主办之学校，向本基督教教义，以培养青年儿童具有优良之品德、强健之体魄、基本之学识为宗旨。一贯以进行德、智、体、群、灵的五育为教育目标。

邝主任跟着报告了本校年来教育方针、政策与措施，简略地介绍了本校各方面的教育概况。并承认过去还有许多缺点，有赖各位家长及社会人士多予指导。……

美加之行——在港同学会月会报告

去年秋奉校董会遣派以“考察教育及访问培正同学”名义于九月二十五日离澳往港，二十九日离港往东京、温哥华、西雅图、多伦多、渥太华、满地可、波士顿、纽约、华盛顿、芝加哥、肯萨斯、三藩市、沙加缅都、洛杉矶、屋仑、檀香山等地；沿途蒙各地同学招待、指导，编排参观访问节目。于一九七二年元月七日完毕旅程返港，十二日返校工作。在旅程中曾参观各地大中小学校（着重中小学教育）、图书馆、博物馆、电视台、播音台及名胜古迹；参加途经各地同学会举行之联欢聚餐及访问同学。兹将此次考察访问管见简报如下：

A. 教育方面

一、加拿大及美国之学制大同小异，中小学施行强迫教育，凡适龄儿童必须入学，国民或居民就读公立中小学，除免缴学费外，课本书籍亦由校方免费供应，公立大学收费甚廉，故全国教育相当普及。

二、公立学校经费由国家（或省、县、市、区）预算项下支付，私立学校则由教会或热心教育人士组成校董会捐助经费，基金或校产支持，故学校当局无需顾虑经济问题。

三、教育注重“教育即生活”及“视觉教育”方法，学校设备除仪器、标本、教具、电影、幻灯、图片等以供教学实验之用外，并经常率领学生参观博物院、艺术馆或科学馆，使学生对学习发生兴趣，易于学习且印象较深，对课外活动亦颇重视。

四、中学除一般学科外兼设职业教育选科，如机械、无线电、电视、汽车驾驶及修理、木工、裁剪、缝纫、烹饪、音乐

(各种器乐及声乐)、建筑设计绘图等，中学毕业后除可升学外兼有就业技能。

五、大中小学近年重视中国文化，大学多以中文与其他语文并列为第二外国语，设中国文化或中国问题研究部门。中小学之历史、地理、常识或作文科颇注重有关中国资料。

六、青年学生近年受社会不良风气影响，品德日趋堕落(尤以吸毒、酗酒、色情、放荡为甚)，学习情绪低落，学校当局亦每感无法教导，形成一严重教育问题。

B. **校友方面**

一、各地校友均关怀爱护母校，校友间多能互助合作，亲如兄弟，充分表现出培正优良传统之“红蓝精神”。

二、各地校友在学术上、文化上、社会上或就读多有良好成就或表现［略举数例，如：温哥华之何国权（加西同学会长)、李廷光、林保罗、林思齐等称誉商场；多伦多之刘辉（加东同学会长）为中华会馆主席，创设中华医院、筹设华侨安老院；满地可之陈保罗牧师为华人长老会加拿大教区主席、中华会馆主席；波士顿之余跃云（新英伦同学会长）及黄伟炎为酒楼饮食业巨子；纽约之伍子雄、黄泽光等为当地侨领；华盛顿之王颂明任美国中央联邦政府水利司司长；芝加哥之廖崇国为著名眼科医生，最近经营华埠最大之华园酒家；肯萨斯之李铸晋为肯大东方文化系教授；三藩市之洪祯祥牧师退休后获选为中华会馆主席，王北海乃著名律师，雷文诏为溯源堂主席；沙加缅都之朱逊元(加省会同学会会长）为保险业权威，邓世修（副会长）为中华会馆主席；洛杉矶之邝迺沾为溯源堂首长，当地侨领……］，颇为当地人士所敬重，故培正能称誉海外。

三、各地校友对澳校间有隔膜，甚至有个别校友不知澳门仍有培正存在，经此次访问联络，使海外校友对澳校有较明确认识。

C. **个人观感**

美加与港澳社会环境不同，风土人情各异，其教育制度及措施，学校之校舍设备、师资及教学方法等均见其优越合理，反观港澳教育制度特殊，会考及大学入学试规定课程繁重，加以经济条件所限，私校之设备及师资等各方面自难与之比拟，亦难有所效法，兹就个人意见似可行者提供母校：

一、在可能范围内中学设职业教育选科，使中学毕业生有就业技能。

二、改善教学方法，以活学为主，不宜“死背强记”。

三、保持本校优良传统校风，免使学生受歪风沾染。

四、加强与各地校友联系，发扬校友爱校精神以利母校发展。

D. **综合各地同学会意见**

一、同学会可否请派代表若干名出席校董会，以利促进母校发展。

二、母校及同学总会与各地同学会能否加强联系；同学总会每年年会及选举前可否先征询各地同学会意见。

三、“同学通讯”除分寄各地同学会外，可否另行分寄个别同学。

四、港澳同学因升学或业务关系前在美加，如有需要，各地同学会均愿予以协助，但希望母校或同学总会事前通知并函介绍，以便接待。

E. **附澳校一九七一年第二学期简况**

一、学生一七六五人，教职员六十三人，中学十四班，小学十五班，幼稚园五班（全校共卅四班）。

二、建校七十五周年纪念堂（三层，每层课室四间共有课室十二间）工程将完成，预计一九七二年度第一学期可应用，筹款仍未足，请继续支持。

三、澳校历来得校友爱护支持，校董会指导，港校协助，在校员工努力合作，校务稍有发展，亟盼校友们继续爱护支持并赐指导批评。

致谢：同学总会前任会长邓善溥、陈光总干事分函告知各地同学会接待；徐炳麟、司徒英及邝文炽顾问、冼永就会长、红蓝之友、荫社社友、港母校黄汝光校监、李孟标校长等赐宴；各位师友、同学会顾问、会长接送飞机及安排各项活动。

各地同学嘱咐代候港澳老师同学安好。

澳门培正中学近况

澳门培正中学校长邝秉仁昨午六时假龙记酒家设宴招待新闻界。邝校长对各报给予该校的支持与帮助，一再表示谢意。在宴会上，邝校长还向各报记者发表“澳门培正中学近况”之书面谈话。现将之录后：

一、本校有八十五年历史，系基督教浸信会主办。一向本基督教教义培育学生品德，传授基本学识及锻炼健康体格为宗旨。

二、因学生人数增加，原有校舍及校具不敷应用。现增建七十五周年纪念堂四楼一层，即增四间课室，工程已基本完成。月内即可启用；并继续添置校具、图书、仪器，以供教学之用。

三、本学期起，分设教务处与教导处：由康显扬先生任教务主任，黄楚焜先生任训导主任。设学生生活指导二人，分工合作。经常召开“校务会议”、“教导会议”、“毕业班教导会议”、“补习班教师会议”、“班主任会议”以商讨实施各项校务。

四、教务处目标：力求提高教学质量，所有课程以港中学会考及中文大学入学试课程为标准，并以香港培正中学教材为依据；训导处目标：为保持严谨传统校风，导致学生恪守纪律及培养服务精神；组织“学生服务队”，维持校内风纪，并施“教员值日”、“职员值星”办法，以协助其事。

五、本校是一间非牟利的基督教学校，因年来物价高涨，为照顾员工生活，故员工薪津占总收入之大部分，其余小部分供行政建设开支，故各项设备虽未如理想，但仍力求改进。

六、本校向设有助学学额多名，由热心教育人士、家长、校友捐送，凡家境清贫而志切向学者均可申领。

七、本校本学期学生人数共二千二百六十人，全校共四十二班（比上学期增加三班），教职员人数共七十八人。

八、目前社会风气败坏，年青学子，趋骛时尚，歪风所及，影响至大，本校同人当一本既往，坚守教育岗位，竭智尽能，办好教育事业，以符众望，尤盼社会贤达，学生家长，报界先进，时加指道匡扶，有厚望焉。

问题学生

（澳门狮子会邀请培正校长邝秉仁演讲——“问题学生”要对症下药，内容提及美国学生“吸毒”“酗酒”“闹色情”。）胡炳麟会长，各位女士，各位先生、嘉宾：

今晚鄙人很荣幸能够参加贵会的餐会，谨致以衷心的感谢！承蒙胡会长嘱咐，在今晚餐会席上谈谈一些有关社会的、教育的现实问题，谨就个人的肤浅意见谈谈“问题学生”，请诸位指正。

何谓“问题学生”呢？这可分为广义和狭义两方面说：广义言：是指学校里一般品德、健康、智慧或学科成绩低劣的学生；狭义言：是指港澳出现的“阿飞学生”。我想谈的是后者。

记得前三年我在美国坎萨斯市（美中部社会风气较纯朴）参观一间中学，那间中学的校长问我：“你们在澳门办学，可有‘问题学生’的存在呢?”我说：“品德差，成绩低的顽皮学生必然有的。”但他说：“这类学生目前美国学校中已经不算什么‘问题学生’了。”原来他所指的是形成歪风的“吸毒”、“酗酒”、“闹色情”问题的“问题学生”至今也无法解决，这就是与目前港澳所谓“阿飞学生”性质相同。

我认为“阿飞问题”不单只是一个教育问题而是一个严重的社会问题。相信任何一间学校的老师都想教好学生，任何一位家长都想教好他们的子女，都想他们的学生成材，都想他们的子女向善。而偏偏在学校内（包括欧洲、美洲，也包括香港、澳门）同样有“问题学生”的存在，这显然是社会问题了。

“问题学生”是怎样形成的呢?正如中国古语说：“物必先腐而后虫生。”其形成有几个重要的因素。

一、由于社会风气的败坏。近日的电影、报章、杂志充满着色情、暴力、怪诞的内容，对青年们的思想行为，影响特坏。这些东西，简直是他们学习犯罪的课本。美国有一本《犯罪学》的杂志曾有一篇文章提过，说一个罪犯的形成，先从电影、报章、杂志学到了“知识”；因犯小罪而入感化院或监狱。那些地方就是他们再求深造“进修”的地方；出狱后，就已经“毕业”成为真正的“罪犯”为害社会了。

二、由于年轻人从生理和心理上很易产生不满现实的状态。他们要找出路，而目前港澳的学制和课程都非常不合理，因而引起他们强烈的反抗性，年青人特别在十二三岁至十七八岁（西方人所谓teen-age）阶段，活力强，血气方刚，思想单纯，爱找刺激，往往抵受不住社会坏风气的影响而走上歪路。欧美的“嬉披士”，港澳的“阿飞”都是源出于此的。

三、由于学校与家长们疏于管教。有时学校因学生多，教师忙（教师们除了上课，还要改卷、备课），对个别学生的照顾不够，家长们顾着工作或社交应酬，每天不容易抽出一定的时间去辅导儿女，往往只有星期天才见他们一面的。而孩子们在家庭与学校以外的活动时间是不少的，那就很容易出现问题了。

以上说的三种重要因素，我以为尤以社会风气败坏的因素最为严重。

如何去解决“问题学生”的问题呢？那就要“对症下药”了。

一般社会舆论对这问题多把责任推到学校方面，而学校方面又推到家长方面。其实两方面都要负责的。整个社会更加要负责的。

我曾参观过美国纽约市的一间中学，他们学校行政组织除校长、主任外还聘有一个心理学专家来分析一般“问题学生”的心理问题；还聘有一个社会学专家去帮助调查一般“问题学生”的家庭。从而想借以解决那些“问题学生”的问题。

若要解决这问题，我以为有下列三点值得注意和实行：

一、须通过学校与家长之间的相互合作。无论学校对学生，家长对儿女都应注重品德教育，品德与学业并重，最重要的是培养他们有正确的人生观，明辨是非善恶，不致误入歧途。学校只重学识灌输而忽视品德教育是不对的。

二、让学生有正确的文娱、体育活动；使他们课余时间身心得以舒展，引导他们走向健康的正途，发挥他们的专长。

三、最为重要的，也许学校与家长也无能无力的，那就是整肃社会歪风；单凭法律去制裁社会的歪风也是不够的，如青年学生犯了事，学校执行校规处罚或斥革，法庭判他入感化院或坐牢，这只是消极的方法，政府更应负上切实的责任，除消极方法外，多办青年中心，多设青年活动场所，严格取缔色情、暴力、怪诞的电影及书刊，这样，社会歪风总会因应遏止下来的。

以上所讲的只是我个人的肤浅见解，是否正确，敬请各位指正。

多谢各位。

加强中文教学

新年伊始，送旧迎新，翘首京华，放眼世界，心情振奋，身在澳门，从事教育工作多年，深感教育好青年一代，责任不轻。

在港澳此时此地，整个教育制度、课程、教材、教学方法等都受客观环境的影响，存在不可调和的矛盾和难以克服的弊病。无可否认，澳门的政治、经济、文化等方面都有很大的依附性。香港推行的“新科举制”对澳门的教学，在一定程度上带来压力和影响。一些学生为了升学和寻找出路，被迫担负着沉重的功课。在这种情况下，作为我们母语的中国语文的教和学被人忽视了。不少教师、家长和学生偏重英文和数理的学习，对国文只是应付而已。香港英文学校，每周只有三节国文，因为香港大学入学试，中文合格与否，关系不大。中文大学入学试，名义上需要中英文合格，事实上，在中国语文和中国文学两科考卷中，只要一卷合格即可。这是造成学生对国文学习得过且过、中文水平不高的重要原因。其次，一些银行、商行及旅游机构等聘请人员时，总是优先录取英文水平高的，甚至笔试和口试都用英文，这更造成学生学习时重英文、轻中文的偏向。再加上中文学习似易实难，中六毕业生不会查中文字典、词典，对书法、语法修辞、字义等不加研究等现象，更屡见不鲜。这不能不从教与学方面去找找原因。在香港中文大学入学考试中，学生的中文考卷语句不通、词不达意，甚至错别字百出，这难道不是活生生的事实吗？面对这个现实，身为教育工作者，总觉得作为一个中国人，对母语一窍不通，就算是英文顶呱呱，这也是一件很羞耻的事。

今天，中国在世界上已经举足轻重，世界各国友好人士对研究中国事物，有着浓厚的兴趣。有些人还通过种种渠道认真学习中文，这对我们不是很大的激励吗？我们应该从实际出发，加强中文教学，逐渐改变人们忽视中文的错误观念。

我对“红蓝精神”的体会

红蓝是我校的校色（校旗原是蓝底红字“培正学校”四字）。所谓“红蓝精神”就是“培正精神”；培正是教会创办，所以“培正精神”也即是“基督精神”。“精神”虽属“抽象”，但如有行动和事实来证明，那便不是“抽象”而是“具体”了。

“红蓝精神”是母校给我们培养出来的。它的影响来自师生之间，来自不少人一生或大半生在校服务的体验，在生活的感受，在友谊的培植，在宗教的信仰中。

“红蓝精神”是由红蓝儿女表现出来的。它的特质就是仁爱、服务与牺牲。归根结底就是一个无私的“爱”字。

我对“红蓝精神”有如下的体会：

一、红蓝儿女们的表现是“爱校”的。

八十九年以来，培正人爱培正的事例太多了。从前贤开办培正的艰辛过程说起，其间经过停办与多次搬迁，又由抗战沦陷而至光复，港澳同事今天仍艰辛服务，维持培正教育于不断，那可为证。再看，今天世界各地校友，对母校事业的促进与爱护，也是不遗余力的：不少校友、私人或集团到港澳母校访问，有送校具、仪器、图书的，有捐送奖学金的，最近对澳母校扩建筹募的热烈支持……这都是标志着红蓝儿女爱校的热忱。

二、红蓝儿女们的表现是“爱人”的。

我以为同学之间最显著的表现是敬师、爱友、热心服务。培正虽是一间基督教创办的学校，老师同学都不一定是教徒，但从小学至中学，从入学至离校，受了宗教的潜移默化，在思想行为，对“牺牲”、“服务”、“爱心”的认识上，不期然形成了一种优良的传统。经常一切有关社会福利工作，培正员生向不后人；又如侨居各地的校友对人地生疏远来异地升学或谋生的校友，热情接待照顾；今天港澳各社团机构的首脑人物也有不少是培正校友。这可说明：虽非基督徒也具备了“爱人”的品质。

三、红蓝儿女们的表现是“爱神”的。

培正与教会有着极其密切的关系。有不少培正同学献身宗教事工，成了著名的牧师，著名的宗教家、布道家或宗教领袖。他们除了具备了“至善至正”的人格、品德、行为与学术根基外，还要追求更高的灵性境界，如果没有“爱神”的精神又怎可以呢？

红蓝儿女们所表现的“红蓝精神”一贯地维系了近九十年。我们培正曾长出了千千万万的丰盛果实，正是桃李满天下。“红蓝儿女”一家亲，无分彼此。校旗歌中有一句：“培正学校永不死！”因为我们有的是遍地开花的“红蓝儿女”！有的是爱校、爱人、爱神的“红蓝精神”！过去是这样，今天是这样，深信将来也一定是这样！

与澳门培正中学英社同学谈“红蓝精神”[①]

“校长，我们同学录里，有一篇文章是关于‘红蓝精神’的，所以特来向你请教。”

“好，好，我们应怎样开始？”

“首先我们想知道为什么用‘红蓝’两色，同时此口号何时

① 标题由编者所加。

产生?”

“这口号已提出很久，何时开始?正确的日子我也不清楚，不过以我的记忆，在卅周年校庆左右，我校做了一面校旗，以蓝色打底，红字写上‘培正中学’四字，于是红蓝便成为我校的校色，‘红蓝精神’这口号大概也就是当时开始了。”

“红和蓝有否特殊意义?”

“有，‘红’代表热心，‘蓝’色则是踏实的象征。”

“我们引入最重要的问题吧!何谓‘红蓝精神’?”

“‘红蓝精神’等于培正精神。

“我校以基督教教义办学，基督教教义在一个‘爱’字，所以‘红蓝精神’最重要的也就是爱。而这‘爱’又分三方面:

“第一是爱校。所谓‘爱’是极其抽象的，要用实例才能说明，爱校方面，例子太多了，你们自己也可随便举出，例如——此次建校运动，同学、校友都充分表现出了红蓝精神。

第二是爱国。在抗战时期，这精神是最表露无遗的了，例如我们曾筹款援助‘东北义勇军’抗敌;曾全校停课下乡宣传救国;当日军攻陷广州时，我们不甘在沦陷区挂日本旗办学，于是毅然迁往鹤山，那时虽然生活困苦，教职员四折支薪，但却仍参与救亡工作，后来由于日军魔爪不断伸展，我们就辗转迁到澳门。总之我们是坚持中华民族一脉相传危而不坠的精神，不肯向日人低头，就是现在，在港澳殖民主义者统治下办学，我们仍坚持是中文中学，这些都是爱国的表现。

第三便是《圣经》所说‘爱人如己’的精神了。在校内我们港澳培正的学生会都设有助学金，班社有一角储金，以助贫苦同学。在校外，我们很多校友都热心公益，建医院、安老院者大不乏人。

除了‘爱’之外，‘红蓝精神’还包括了服务精神。学生会组织，班社组织就是最具代表性的了。踏出校门以后，这精神当然也继续发扬，例如 XXX 校友办难民福利，就是纯粹为了服务人群。

由于时间所限，我只能如此大略的谈，多谢。”

缅怀东山

忆稚年随先父参与母校卅周年校庆，转瞬母校已届九稔高龄。每念东山，偶拾鳞爪，记忆犹新，爰执笔以偿高主编稿债。

穗母校校址三迁，东山置地建舍，时中、小学部原属一山坡，其间古塚累累，坡下田野鱼塘。（中学之校园及操场乃由山坡削建，足球场及田径运动场系鱼塘填造，泳池及水塔本是田野。）中学部包括高、初中及高小部。初小原称“培道蒙学”，后改称“培正国民学校”，复改称“培正初小”。培正女校前身为“培坤学校”，原是一破庙，后改称“培正女校”，只收女生。初小则男女同校，高小及中学收男生，女生升中学则须往培道。

母校素以德、智、体、群、灵五育并重著称，而学生课余生活多彩多姿：校内学生有青年会、学生会、陆军团、童子军、银乐队、歌诗班、各级社等活动；校外庙前街“东方楼”之包点，“甄沾记”之椰子糖、雪糕，“先有真”之绿豆沙，侧头肥佬“昌记”之云吞面，新河埔“英记”之牛腩粉……顾客多是培正人；校外后门出处附近，设有学校游泳池、水塔，可谓“大制作”；黄昏时，游河之风至盛，三两同学，泛舟中流，或游泳河边，或尝艇家叫卖之生滚鱼片粥，清甜绿豆沙，其乐融融。

主日宿生可外出前往东山礼拜堂参加主日崇拜及主日学，或往神道山顶参加英语少年团之活动。周末例假，多回家聚天伦之乐，或往城内戏院看电影，“佳人有约”者当另有去处。

当年往事，如影历历，俱往矣！世事沧桑，难寻旧梦；但母校至今仍遐龄不衰，欣欣向荣，红蓝儿女遍天下，卓越不凡；前贤之功固不可讳，今人之任责无旁贷，后晋之务更形重大！“培正学校永不死”，信焉！

衷心的感谢

培正有长远的校史，也有艰辛的历程，经过九十五年悠长的岁月屹立发展，红蓝儿女遍布天下。前贤的缔造劳绩，社会人士的关怀鼓励，在校员工的努力合作，同学们勤奋争取光荣的校誉外，还有家长、校友的爱护与支持。

母校自一九三八年迁澳至今，获社会人士、家长、校友支持，先后筹募增建了多座教学大楼，配合校务发展的需求。今年竣工启用之创校九十五周年纪念堂，虽经校方多方面筹措得以建成，但内部设备如语言实验室、电脑等特别室各项仪器教具，全赖家长、校友所捐赠；更有不少校友捐赠奖、助学金，嘉惠后学。培正，若果没有热爱母校的校友支持，没有社会人士、家长的关怀爱护，焉能有今天的发展。在此，我谨代表校方再一次表示衷心的感谢！

兹谨将一年来捐助澳校之家长、校友芳名列后：

捐送仪器设备者：

家长卢道和先生捐葡币伍万元；

黄保铨校友捐葡币壹万元；

陈涤非校友捐葡币叁万元；

冯蔚丛校董捐葡币肆仟元；

赵荣光校友捐港币伍仟元；

锋社离校四十周年纪念捐图书费伍佰元；

奋社金禧纪念捐图书馆费贰仟元；

黄炳深校友捐葡币伍仟元；

许礼昭校友捐港币叁万元；

何厚铿校友捐葡币伍万元；

黄志汉、志成校友捐港币伍万元；

一九四四年级昭社捐图书费港币叁仟元；

一九四九年级坚社捐港币叁仟元；

殷少明先生捐葡币伍佰元；

黄乐熙先生捐港币贰佰元；

余金积先生捐港币捌佰元；

叶绍文校友捐葡币叁万元；

陈伯联校友捐葡币佰仟元；

周介之校董捐港币五仟元；

何绍基校友捐港币叁仟元；

雷世炽校友捐港币伍万元；

蔡克铭先生捐港币壹仟元；

关汉文校友捐港币伍佰元；

冯信昌校友捐葡币伍百元；

刘衍泉校友捐葡币叁万元；

一九五九年级光社银禧纪念捐港币叁万元；

香港光社同学访澳团捐港币贰仟元。

捐送助学金者：

锐社加冕同学捐葡币壹万元；

辉社同学捐葡币贰仟元；

陈永明校友捐贰仟元；

廖明哲校友捐壹仟元；

邝秉仁校长捐赵璧兰师母纪念助学金葡币壹万元；

故校工梁国基君遗嘱捐葡币壹万元；

成信行捐葡币叁仟元；

邓如文校友捐葡币壹仟元；

区先生捐贰佰元；

田志辉校友捐葡币叁仟元。

捐送奖学金者：

正社校友欧阳棣熊伉俪捐葡币贰万壹仟元，分设数学科及自然科奖学金。

澳门锐社同学捐葡币壹万元，设英文科奖学金。

冯蔚丛校董捐冯言先生纪念奖学金壹万元，设社会科奖学金；另捐葡币伍仟元纪念冯潘宝霞女士作奖学金用。

岑国昌校友捐奖学金葡币壹仟元。

澳门培正同学会捐奖学金壹仟元。

香港同学会捐纪念黄启明校长、何宗颐先生奖学金各陆佰元。

澳门培正五十年

培正于一八八九年由多位浸信会信徒创校广州，向本传播基督真理、提倡文化学术、教育青年学子为宗旨，百载惨淡经营，至今省港澳三校均享盛誉，桃李遍全球，人才辈出。

抗日战起，黄启明校长为免除学校在广州受空袭之威胁，率员生迁校鹤城。后因烽火蔓延，一九三八年春开办澳门分校，租卢家花园为校址（包括现卢廉若公园及C座后的龙田舞台），设小学及初中一年级，聘冯棠为主任。是年秋中小学全部迁澳，称“私立广州培正中学校”，因员生人数众多，房舍不敷应用，将卢家花园设中学部，以大楼为宿舍，另盖单层砖屋平房十余间为课室，搭大竹棚两座，一座为礼堂兼膳堂，另一座为音乐室及学生青年会所兼宗教室，并在沙嘉都喇街（近连胜路）及俾利喇街（近柯高马路）租三层楼宇各一座为学生宿舍，柯高路（近连胜路）及二龙喉（邻近公园）租二层楼宇各一座为教职员宿舍，租南湾街一花园大屋（现汇丰银行总行址）设初小部，聘刘耀真为主任，租大庙顶两大屋设高小部，聘李孟标为主任。

一九三九年夏黄启明校长病逝于香港，由杨元勋继任校长。一九四一年底香港沦陷，港校停办，部分员生集澳。一九四二年夏杨元勋校长辞职，由赵恩赐继任校长；是年，在粤北坪石及广西桂林分设“培正培道联合中学”，抽调留澳部分员工前往任职。

一九四四年赵恩赐调长坪石“培联”，当时澳门粮食缺乏、物价飞涨，林子丰校董义务代掌校政，助员工解决生活困难。桂林、坪石相继沦陷，两地“培联”停办，澳校学生人数大增，遂租柯高马路（近俾利喇街）一花园大屋为校舍，设柯高马路小学分教处，中学增办大学先修班。

一九四五年夏抗战胜利。一九四六年春，穗、港两校分别复员，澳门只租卢家花园留设小学，聘请赵璧兰为校主任，一九四七年开办初中。

培正原属两广浸信会联会，由一九五〇年起改隶香港浸信会联会，原“广州培正中学澳门分校”易名为“澳门培正中学”，校主任赵璧兰调职港校，聘李炎玲为校长。一九五二年用历年储备及何贤校董捐助，购卢家花园半部为自置校址，筹建两层课室一座，一九五三年落成，并填平大楼后莲塘，扩大操场，在柯高路另建校门。李炎玲校长调职港校，由傅渔冰继任校长，是年开办高中。一九五七年增建平房一座为课室。一九六二年傅渔冰辞职，聘林子丰为校监，林湛为校长，中学部改五年制。一九六三年将两层课室加建三楼。一九六七年开办中六，筹建“创校七十五周年纪念堂”。一九七一年林子丰校监病逝香港，由其哲嗣林思显继任校监。一九七二年“创校七十五周年纪念堂”落成。一九七四年林湛校长荣休，邝秉仁继任校长，将“七十五周年纪念堂”加建四楼。一九七六年，筹建之六层校舍落成。一九七九年创校九十周年纪念“培正大楼”落成，该楼前座六层，后座八层。一九八四年，六层之“创校九十五周年纪念堂”建成。一九八五年校监林思显博士、邝秉仁校长荣休，张彬彬博士任校监、康显扬继任校长。一九八七年兴建“七十五周年纪念堂”侧翼五层课室一座，一九八八年落成，并拆建幼稚园平房课室。

回顾过去五十年，培正为避战火而迁校澳门，初型简陋，今已颇具规模。实赖上主鸿恩，员生爱校，校友关怀，社会支持，家长信任有以致之。前人缔造艰辛，后继者当努力不懈，以传播基督真理，发扬红蓝精神，扩展树人大业为职志。

培正中学一百一十年

培正是一间华人创办、自立、自主的学校。一八八九年浸信会教友数人为振兴中华，宣扬真理，捐款租赁民房于德政街，开办一间基督教新学“培正书院”。其后，校址数迁：大塘街、雅荷堂、榨粉街、秉政街、珠光里；校名数易：“培正书塾”、“羊城培正传习所”、“培正学堂”。因校务日趋发展，员生增多，遂于东山购地兴建新校。

迁校东山后，延聘专才领导行政，选任良师，实施德、智、体、群四育，成为一间正规学校。一九一二年改名“培正学校”，一九二一年友校“培坤”改称“培正女校”。一九二三年“培道蒙学”称“培正国民学校”。一九二八年改校名为“私立广州培正中学”，小学、国民学校及女校分别改名“附属高级小学”、“附属初级小学”、“附属女子小学”。一九三一年设“西关培正分校”于永庆一巷。一九三三年设“香港培正分校”于九龙何文田。

数十年来获华侨、教友、家长及校友捐助巨款，逐年增购校地，新建校舍，添置教学设备，广辟操场，发展成为一间校园广大、设置完善、成绩优良、蜚声中外的“培正中学校”，且计划筹办大学。

正当校务蓬勃发展之际，抗日战争爆发。一九三七年迁校鹤山。迁校期间，校方与教职员协议订定：凡随校任职者四折支薪，不随校者停薪留职。战局日紧，一九三八年由鹤山迁校澳门。中学设于卢家花园，以大楼为学生宿舍及实验室，大门侧平房为校务处，园内加建砖瓦平房及葵顶木棚为课室、礼堂及膳堂，另设教工宿舍于二龙喉及柯高路，学生宿舍于连胜马路；高小设大庙顶，初小设南湾街。全部校舍均系租用。一九四一年香港沦陷，香港分校停办，员工聚于澳校。同年，培正与培道联合于粤北坪石开设“培正培道联合中学”，一九四二年又于广西桂林设“培联”。一九四四年桂林及坪石相继沦陷，桂林培联结束，坪石培联部分员生逃难至汝城。

抗战期间，穗、港、坪、桂沦陷，培正各校停办，惟澳校独存，使校史不致中断；港、穗培正复员以澳校为基地。

一九四六年广州培正中小学及香港分校复员，澳门租卢家花园设分校，只办幼稚园及小学。一九五二年赖家长、校友及社会人士支持购卢家花园半部为校址，填塘辟操场，将园内除大楼外其他建筑物拆卸，逐年改建多座高层校舍，增办至完全中学。继承培正办学宗旨，以提高教学质量，改善学习环境，保持严谨校风为办学方针。数十年来，校务发展迅速，成绩良好，备受政府重视，社会人士称誉。

一九五〇年“香港培正分校”改称“香港培正中学”，“澳门培正分校”改称“澳门培正中学”。香港培正复员后得政府拨地十余万方呎，校园面积较前扩大数倍。赖校友及社会人士捐助，原日港分校址划为小学部，逐年将原建筑物拆卸建高层校舍，近年已全部改建完成。政府所拨土地划为中学部，开山推土，辟操场，建新校舍，昔日之荒山冢群，变为巍峨黉宫，港校数十年来，素以设备完善、师资优秀、校风严谨、成绩优良著称，被誉为香港最佳中文中学，近年更被政府列为母语教学之典范。

广州培正复员后得华侨、家长及校友捐巨款，买地扩大校园，修建校舍，添置教学设备，革新校务，使教学质量提高至建校以来最高水平。一九五三年广州培正中小学各校被政府接管，校园依旧，校名数改。

一九八四年广州培正中学、东山培正小学及西关培正小学复名，由国内外校友及社会人士组成董事会，策划筹款，收回校产，发展校务。三校复名前，原校被借用，校舍残旧甚至变成危楼，校园荒芜，操场破烂，教学设备散失损毁。复名后十五年来，社会人士、校董及校友出钱出力，捐助巨款，修葺粉饰校舍，拆除危楼，兴建新厦，整理校园、操场、道路，购置先进教学设备，革新校务，选聘优良教师，学生勤学习，恢复传统校风，教学质量逐年提高。中学复名前之旧校被当局评为市五级学校，复名后培正多次获高考一等奖，被评为省市先进单位、省市一级中学，且被提名为全国重点中学。东小复名后历年均评为市先进集体，省、市一级小学。西小复名后因员生众多而校舍不足，将原有建筑物拆除，兴建新校舍，评为先进单位。

一九三三年教育体制改革，鼓励私人及社团办大学，一批培正校友发起创办“私立培正商学院”，组成董事会，筹建校舍。花都市政府除批准在赤坭镇以低价征地一百亩，拨地四百亩供培正商学院作校址外，并与董事会签订民办公助协议书。是年秋借用广州培正中学招生开课，同时开始在花都市校址进行建校工程。一九九六年秋，首期建校工程完成，开始在新校上课。在筹建过程中，董事出钱出力，校友及社会人士大力支持，员工刻苦奋斗，经过六年的建设，学院颇具规模，校园广大，校舍宏敞，设备先进，师资优良，行政机构健全，学生勤奋好学，校风良好，四届毕业生就业率达到百分之一百，工作表现受到好评。一九九八年由于学院的建设成果显著，被全国民办高等教育委员会授予“全国民办高校先进单位”荣誉。

一九九四年春，多位热心故乡教育的培正校友倡办台山培正中学，组成校董会捐款进行建校。台山市政府于城北侨苑新村拨地九万方公尺供建校之用，建校工程分三期进行。首期工程于一九九五年动工，一九九七年完成，设幼稚园、小学及初中，一九九八年开始上课，今年于校庆期间举行首期建校工程落成典礼。

培正自创校以来，饱经风雨，排除万难，前贤艰辛缔造，员工惨淡经营，校友、家长爱护支持，社会人士信赖鼓励，从一间私塾发展为完善之幼、小、中、高校。从一所租用民房发展至穗、港、澳、花、台五地八间名校。

一百一十年来英才辈出，培正校友遍全球。

愿培正人继续努力，使红蓝色旗常高飞起！

第二辑 赠言

我要说的几句话(1951年匡社同学录)

孔子说过:“以文会友,以友辅仁。”这句话,在现在还是正确的。所谓友情,当然有其存在的客观条件,为着向上爬,为着个人的飞黄腾达,根本就没有友情,连起码的人情味,也被这“爬”、这“挤”所冲淡,甚至破坏了。孔子虽然是封建社会的代言人,但是他说“以友辅仁”的意义,就是友情的结合以推进社会为主要条件;正如高尔基说:“青年的理想目标,有赖于友情的团结推进。”

你们毕业了,编印这本同学录,除了为着留下一点历史痕迹之外,还希望把匡社同学的友情永远团结在一起。

作为一个新时代的青年,所谓“向上爬”、“利尽则交疏”那点思想,当然要扬弃了;就是同学录那点“炫耀身份”、“自我陶醉”的观念,也不能有一丝一毫残存着。社会栽培了我们成材,我们应该团结起来,全心全意为人民服务,这才是我们编印同学录的一点真正意义。

赠言（1961年善社）

善社诸君，毕业离校矣。多年师友，一旦分携，三叠阳关，骊歌载道，能不依依？临别赠言，谨缀数语。

诸君在红蓝园地生活有年，对“红蓝儿女一家亲”之惯用语，不但耳熟能详，从日常生活中当亦有所体会。就诸君所耳闻目睹者，如师生之融洽，校友对母校之关怀，每年同学日校友之返校共叙同欢；又如全球各地设立的培正同学会，校友异地相逢，虽从未谋面，都能互助互爱，亲如兄弟，此皆“红蓝儿女一家亲”精神之具体表现也。诸君虽毕业离校，仍为培正大家庭一成员，且为此大家庭一成员，且为此大家庭之新生力量，诸君应保持此爱学校、爱师长、爱同学之优良传统精神——红蓝儿女一家亲。

其次，谨录宋儒陆象山先生语录一则贻赠，作诸君升学或就业持躬处世之南针：

> 凡欲为学，当先识义利公私之辨。今后所学，果为何事？人生天地间，为人当尽人道，学者所以为学，学为人而已。

善社诸君祈勉之！

赠言（1965年耀社）

耀社诸君毕业矣！升学就业，各奔前程；所谓“北风胡马，越鸟南枝”。多年师友，执手踟蹰，能不黯然？

“红蓝儿女一家亲”乃培正之优良传统精神。我是荫社同学，毕业已逾卅载。去年荫社同学在港举行离校卅周年纪念会，旧雨重逢，和乐且耽，情逾骨肉，在我生活史上留下深刻印记。

诗云："宜兄宜弟。"此情殆足近之。

耀社诸君离校矣！临别赠言，谨以兄弟挚情为诸君告！诸君如继续升学，在学习生活中，应随时随地对学理原则必求具体实践；读书应有恒心与温故知新之习惯，更应养成自动自觉之学习精神。诸君如投身社会就业，应本红蓝精神，为社会服务。英国哲学家边沁有言："最大多数人的幸福就是最大的幸福。"此乃吾人最正确之生活南针也。

平素与诸君相处，深悉诸君肯学肯做，抱负不凡。但愿坚持基督真理，以做福人群为己任，在时代进展中，愿莫违素志，毋忝厥职，庶不愧称红蓝儿女。唐诗人刘禹锡有句云："芳林新叶催陈叶，流水前波让后波。"诸君前程无量，谨以奉赠。

赠言（1966 年皓社）

皓社诸君行将毕业离校矣，临别赠言，古有明训，况红蓝儿女一家亲，多年师友，谨以家庭之一员，本予肤浅之经验与认识为诸君告：

诸君离校后无论升学或就业，在人生历程中，应抱定宗旨，标举目的；旨的既定，坚持勿懈，不为外物所移。使徒保罗云："忘记背后，努力面前，向着标竿直跑。"乃事业成功之要诀也。

对事物之处理，应按部就班，面对现实，不存幻想。语云："非分之达，犹林卉之冬华也；守道之穷，犹竹柏之履霜也。"学问与事业之成就，全靠积索。荀子曰："真积力久则入，学至乎殁而后止也。"总之，一分精神，一分事业，一分光阴，一分知识，实为经验之谈。

人不能离群而索居，所谓教育乃导致吾人走向正确之人我关系。我培正之传统红蓝精神以友爱为中心，吾人应充友爱之端于一级；一校，推而至于全国、全世界。

吾人应常反躬自省，认识自己，检讨自己。子路人告之以有过则喜，禹闻善言则拜。曾子曰：“吾日三省吾身，为人谋而不忠乎？与朋友交而不信乎？传不习乎？”哲人之说，苟能实践弗逾，乃积善积德之源。

行矣诸君，临别须臾，执手踟蹰，谨缀数言，与诸君共勉！

赠言（1966年恒社）

恒社诸君刊印毕业录，嘱余赠言留念，多年师友，一旦分睽，能不依依？谨缀数言与诸君共勉：

恒社在澳校史上具有特殊意义，盖澳校于一九六二年改行五年制中学，就以恒社之初中二年级转为新制之中二年级，亦即五年制中学之首届毕业班。诸君在学期间，课程较繁重，加以新制课本初编，内容未如理想，学习上有极大之困难，然诸君能名副其实，学习有恒，孜孜兀兀，五年有成。曾国藩谓：“凡畏难者必废事，轻躁者必偾事，故事无大小，必持之以恒，将之以慎。”所谓恒心者，言其心有常也，不见异而思迁也。凡事持之以恒，明于平凡中见伟大。世上实无难事，亦无易事，心以为难事，斯难矣，心以为易事，斯易矣；然若处事无恒心，则难者终难矣，遇事太轻率，则易者亦不易矣。

诸君在今后生活过程中，应发挥恒社精神，无论升学就业，以有恒作南针，朝斯夕斯，乾乾若惕，则无坚不摧、无难不克矣。诸君其三复斯言！

赠言（1967年仁社）

仁社诸君又告毕业矣！特刊印同学录藉留鸿爪，索我赠言，谨缀数语，以志永怀。

孔子谓："名不正则言不顺，言不顺则事不成。"儒家之正名思想，在生活实践中亦有其一面之意义。诸君社号曰"仁"，夫"仁"者具大公无私之心，舍己为人之志，能牺牲小我为大我，蔡元培先生谓"仁"乃儒家统摄诸德最高境界，诸君在红蓝园地生活，受基督教义熏陶有年，当知圣经真理亦以仁爱为主。仁社诸君无论升学就业，顾名思义，应以实践仁爱为务。

然而以仁爱为生活实践之原则，必须下定决心，是非分明，孔子谓："刚毅木讷近仁。"鲁迅谓："做人必须要敢笑、敢骂、敢哭、敢言。"近代教育注重人格锻炼，所谓锻炼，乃经得起考验，挨得起波折。须知山陵不能无起伏，川渎不能无高下，人事不能无偏陂，仁社诸君，平居不堕其业，穷困不易其素，只慎乎其所常忽，敬备乎所未防，见善即趋，疾恶若仇，惟仁是务，庶不愧称红蓝儿女，优秀青年。

摭舍陈篇，窃仁者之号，聊作赠言。

赠言（1968 年升社）

升社同学又告毕业矣！多年师友，分袂临歧，能不依依？谨缀数言，聊作赠别。

诸君社号曰"升"，升之为义进也。"苟日新，日日新。"诸君无论升学或就业，当日求其新方能有进，然求新必须脚踏实地，不能求诸虚无幻想中。若非实事求是，不务近而图远，则远功未就而近祸已临；须知远者乃近之所积，如行路焉，千里万里，无非尺寸之所积。能有坚忍之心，则无远而非近，苟存幻想之念，则无近而非远矣。

又升者上也，生活向上，品格向上，鹏程万里，鸿鹄有志，唯美是谋。然而所谓美者自有其主观与客观条件；有以"杏花、春雨、江南”为美，有以“古道、西风、骏马”为美，士各有志，不能尚同。但求美不能脱离现实生活、思想与社会环境，更不应独尝美果或自我陶醉，若能为全人类美好生活是谋，则个人生活与品格亦必日趋上进。其次，谋求美好生活，当以公正光明为轨范。诸君在校学习有年，应记取“至善至正”的校训，认识“非以役人，乃役于人”之真义。要明辨是非，宁舍生以取义，毋求生以害仁。矢志力行、坚持不懈，则美在其中矣。

愿红蓝光辉，永耀大地，师友情谊，维系久远，书此与诸君共勉。

赠言(1969年谦社)

蝉鸣荔熟，仲夏风光，谦社诸君行将毕业离校矣，临别赠言，借资共勉。

诸君离校，升学就业，各奔前程。幸毋自视过高而傲睨万物，盖学海无涯，在学习过程中，中学毕业不过稍具普通知识而已，切莫抱井蛙之见而自满自盈，须谦冲以自牧，忠恕以自守；亦毋以羽毛未丰而有自卑感，盖尊己者人恒尊之，卑己者人恒卑之，尊己者则所以自期者大，故不期而为君子，卑己者则所以自视者轻，故不期而为小人。

基督教义以博爱、服务、牺牲为人生要义，意即舍己为群也。蔡元培先生谓：“舍己为群之理由有二：一曰己在群中，群亡则己亦随之而亡，今舍己以救群，群果不亡己亦未必亡也。……二曰牺牲其一，可以济众，又何惮而不为?”基督降生舍命救世，理至明显。

就业诸君幸毋因受环境所限而惆怅，须知社会亦一大学校也，从工作中，从待人接物中，必然学得许多宝贵之人生经验；除学习生活本领、处世之道外，犹须注意了解生命意义，庶不愧称红蓝儿女。升学诸君，我提出朱熹教人之读书方法，与诸君共勉。朱熹谓："学问之道，要虚心涵泳，切己体察。"夫虚心足以纳物，涵者如春雨之润花，清渠之溉稻，泳者如鱼之游水，鱼跃于渊，乐在其中矣；所谓"切己体察"即活学而活用之，经之以岁月，累之以心力，游览于六艺之圃，驰骛仁义之途，青出于蓝而胜于蓝，殆无疑义。

诸君社号曰"谦"，古诗谓："谦光自抑，厥辉愈扬。"愿诸君回环而朗诵之！三复而而体味之！

一大六九年复活节书于娱园

赠言（1970年刚社）

刚社诸君将届毕业，特刊印同学录，借留鸿爪，多年师友，一旦分暌，梦雨离云，能不依依？爰缀数言，聊作赠别。

诸君兰契同心，结社号"刚"，锡尔嘉名，重以修能。夫刚者坚也，劲也。书曰："沉潜刚克，高明柔克。"有超卓之名，必有过人之事业，有过人之事业，必有个人之修养。诸君无论升学就业、处事接物，一本坚强不屈，坚定不移之意志，以底于成；幸毋姑息犹豫，趦趄不前，一遇阻挠挫折，则动摇而至于丧志。然所谓坚强不屈，坚定不移，并非不辨是非，顽固蛮干，必须掌握真理，正视现实，方能克服困难。所谓"谦冲自牧，柔以济刚"；凡畏难者必废事，轻躁者必偾事，故事无大小，当持之以恒，将之以慎，历之以艰，操之以锐，则百事可成。

吾人每有"自高自大"之通病，或自己确有所长，必别人确有所短，一本个人英雄主义而"自高自大"。曹丕所谓各以所长，相轻相短，不能审己以度人。工于责人而不知反己以自责，实乃世人之通病也。吾人须立德近人，见善必趋，疾恶若仇，只慎乎其所当忽，戒备乎其所未防。记取《圣经》所载：“凡自高者必降为卑，自卑者必升为高。”

吾人生活于社会中，必有其相维相系相成相生之道，垂之永久而不敝，放诸四海而皆准；其道为何？即“舍己为群”之道也。英哲边泌有言曰：“最大多数乃最大幸福。”基督教义亦以“非以役人，乃役于人”为训，盖服务人群乃人生之正确方向也。诸君在红蓝园地生活有年，当能体味斯旨。

别矣诸君！诸维珍摄！

一九七〇年春于娱园

赠言（1971 年贤社）

贤社诸君又告毕业离校矣！升学就业，各奔前程，多年师友，一旦分襟，携手濠沿，能不依依？谨缀数言，聊作赠别。

昔孔子去周，老子送之曰：“吾闻富贵者送人以金，仁者送以言，吾虽不能富贵，而窃仁者之号，请送子以言。”（见《孔子家语》）兹谨就友谊之义，略陈浅陋，借以共勉。

夫人不能离社会而独存，人与人相群而成社会。于群之中苟有其人，其品德学问性情志趣与我相若或胜于我者，我则亲昵之，尊敬之，结合之，是即所谓朋友也。人在社会生活中不能无所助借，若灯之燃也，借膏以朋友以为光明，钟之响也，借梃以为振击，物无助借则为废物，人无助借，则为废人。人之所借者为何？朋友而已；问道讲学借相切磋，声气名誉，借相应求，社会学上所谓互相依存，友谊之道大矣哉！贤社诸君编梓同学录，旨在联系友谊，我校培正创校八十余载，其最优良之传统“红蓝精神”乃“红蓝儿女一家亲”之真挚友谊，诸君在校多年，当能体味斯旨。须知所谓“红蓝精神”之友谊，绝非盲目之友谊，更非可与共安乐而不可共患难之友谊："红蓝精神"之友谊应为守道义，行忠信，惜名节，群策群力，同心共济，始终如一之崇高品德，愿诸君珍之，重之。

别矣！娱园棕榈，黉舍旧楼，门前榕木，松山灯塔，诸君谅难忘怀，尤盼记取校训"至善至正"作为人生指标，有厚望焉。

赠言（1972 年勤社）

勤社诸君以毕业在迩，特刊印同学录，向余索赠言。多年师友，一旦分睽，执手踟蹰，能不黯然？古人告别，富贵者赠人以财，贤者赠人以言，余既非富贵亦非贤者，谨致微忱聊表心曲耳。

昔者朱熹在白鹿洞书院设校规，示诸生以处世接物之道。余有感于现世社会风气之败坏，谨就交友与处世数端提出与诸君共勉：

无论升学就业，吾人不能无友；然有势利奉承之友，有声色颓废之友，有文章道义之友，势利奉承之友，吾无论焉；声色颓废之友，宜慎巩提防，忠言劝勉，不与同流合污；惟文章道义之友，以学问相切磋，以道义相扶持，以德行相勖勉，能得友道之正，孔子所谓"友直，友谅，友多闻"。

处世之最要为谦，夫谦者卑逊不自满也；"满招损，谦受益"。诸君熟知稔矣。韩愈谓："人皆可以为我师，师者传道、授业、解惑者也。"其次，要有坚定之意志。凡事以社会大众之利益为前提，不以个人之得失而衡量，悉力以赴，乃坚定与勇敢之最崇高表现。不以荣辱而易心，不以毁誉而易操，不以困难而灰心，不以失败而终止，锲而不舍，必有所成；切勿姑息犹豫、趦趄不前，但须正视错误，勇于改过，因顽固与蛮干，并非坚定与勇敢也。

诸君别矣！前途珍重！

一九七二年初夏于娱园

赠言(1973 年基社)

基社诸君，刊毕业同学录，嘱余赠言留念。多年师友，一旦分袂，执手踟蹰，能不依依!？谨缀数言，聊表心旌。

行矣诸君！升学就业，各奔前程。兹谨就我个人所见，或生活上之体验，摭拾数端，为诸君言之：

（一）慎交——吾人之入世也，不能离开社会而独立，于是人与人相群而成社会，是即所谓朋友也。谚云：“种瓜得瓜，种豆得豆。”盖种瓜之人，无得豆之理，而种豆之人，亦无得瓜之时。人之交亦然，交损友，则一己必受其损，交益友，则一己必受其益。荀子谓：“蓬生麻中，不扶自直，白沙在涅，与之俱黑。”环境移人，因果若此。

（二）谦虚——吾人立身处世，务须谦恭自持。书云：“不矜莫与争能，不伐莫与争功。”以谦虚为经，以善良、公正、热诚为纬。所谓谦谦君子，温温恭人，盖傲不长，志不满，乃能有成。

（三）克己——颜渊问仁，孔子曰：“克己复礼为仁。”所谓克己其反面意义，就是只顾自己，不顾别人，不求自省、自我检讨，做体己谅人工夫。传曰：“圣人过多，贤人过少，愚人无过。”其实非无过也，不自见也。荀子曰：“百事之成也，必在敬之，其败也必在慢之。”躬自厚而薄责于人，乃处世南针。

（四）情操——托尔斯泰有言：“读书求学，必须抱有高尚情操”；又曰：“为他人而生活，才有永远之幸福。”不是夸夸其谈，认为当今之世，舍我其谁之个人英雄主义。其真义就是要人为群体而修养而生存。梁启超在《无名英雄》之文章说："我虽不能为有名之英雄，未必不能为无名英雄，天下人人皆能为无名英雄，则有名之英雄必于是出焉。"

总而言之，无论读书与做事，务须放眼世界，体己谅人，谦恭自持，慎交自爱；平居不堕其业，穷困不易其素。分别临歧，骊歌载道，仅献刍言，期以共勉。

一九七二·十二·廿七于娱园

赠言(1974年昕社)

昕社诸君又将毕业离校，特刊同学录，嘱余赠言留念，多年师友，一旦分睽，能不依依？谨缀数言，聊作赠别。

诸君社号曰"昕"，词书谓昕者朝也，日将出也，《礼记》曰："大昕鼓徵"，朝气勃勃，诸君其为红蓝园地之挺秀花朵乎!？语云："长江后浪推前浪，社会新人胜旧人。"谨为预祝！

经云："虚心者福矣！"诸君事事要有谦虚态度，盖今日社会，科学进步，日新月异，人与人之间更形错综复杂，求学问，找经验，要如金字塔，能广能高，如想达到目的，首要虚心学习。

不断地学习，做到老学到老，《论语》首章要人"学而时习之"，亦有深意存焉。生活在今日的时代里，吾人应以客观眼光去观察周遭事物，随时运用新方法，适应新环境。

诸君尤应认清"衔头"、"学问"与"经验"之轻重，从实质上应重视"学问"与"经验"，"衔头"不过是虚名，是装饰品。须知是有名无实的"衔头"是埋葬你们事业的匕首。

昕社诸君，我衷心献议诸君对自身之行为，应时作自我检讨，曾子谓："吾日三省吾身，为人谋而不忠乎？与朋友交而不信乎？传不习乎？”实非迂腐之论，假如我们自省到有什么不对地方，立即改过，既错误了就讨究其症结所在。然后设法补救，不断地改善，再改善，这就是进步了。

吾人之入世不能离社会而独立，于是人人相群而成社会，合群策群力以图社会事业，于是不能无朋友。但青年人血气方刚，若和一些坏朋友，终日混在一起，近朱者赤，近墨者黑，那不同流合污者几稀？我们要广交朋友，但要时加警惕，不要误入歧途。

基督教义，以“博爱”、“服务”、“牺牲”为人生要义，其实就是舍己为群精神。今日骊歌载道，临别歧途，我最后一句赠言，就是要有忘我精神。凡事一切以大众利益为利益，没有“我”的存在，这就是红蓝精神。

别矣诸君，前途珍重！

一九七四年春于娱园

赠言（1975年捷社）

捷社诸君刊印毕业同学录，嘱余赠言留念。多年师友，一旦分睽，谨缀数言与诸君共勉：

吾人之生活规范，一定要从“充实”和“平易”着眼。能充实就不空虚，能平易就不飘浮，并且不只从书本上去学习，要从自己的生活经验，领受教训，要从他人的实践经验中，学得知识。勤俭要义要从生活经验去实践，勤则不匮，俭则有丰。语曰：“不耕胡获？不织胡衣？”“盘中之粟，血汗做成”，皆说明勤劳的成果。积溜穿石，磨杵成针，功久之故，具见勤劳之伟大。荀子说：“积土成山，风雨兴焉；积水成渊，蛟龙生焉。”又说：“驽马十驾，功在不舍”，肯定了勤劳的功效。《圣经》有言：“少种的少收，多种的多收。”世事就是一分精神，一分事业，一分光阴，一分知识。事业名誉，随处皆是，惟勤勉捷足之人，乃能急起直追，到成功之路。

谈到俭，所谓崇俭就是一种美德。崇俭非鄙吝之谓，不过自奉俭约，持其品位，全其本务，各有其度，不可执一而律之，要在适如其分。须知奢侈与俭约是有其相对性，贫者衣敝温袍未尝不可以御寒，富者衣狐穿貉，亦不过御寒而已。所谓：“金谷锦帐，石季伦之豪奢；划粥断齑，范仲淹之寒素。”为古今极不合理之社会现象，吾人应知俭约就是一种美德。因为俭能养廉，有一分物力，成一分事业，临大节而不挠，处危难而不苟，生活于奢豪者，因物力有限，而人欲无穷，宴安酖毒，必至身败名裂。

捷社诸君，希望你们在生活体验中，认识到“勤为无价宝，俭实护身符”的真正意义。愿与君共勉！

一九七五年春草于娱园校舍

敏社同学录序（1976 年）

夫人生于世，年命有限，欲念无穷。际兹世道衰微，风俗浇薄，莘莘学子，锐意攻学，所为者何？不可不明，不可不慎也。

况万家纷陈，繁不可夺。百工众业，农桑耕织，天经地纬，物理人伦，冀有所成，必本乎志。立志则目标明，目标明则知所努力，排除万难，循序渐进，有志竟成，信不诬也。

立志容易，持志维难。若遇难既止，意懒心灰，或则骄奢淫逸，自甘暴弃者，不足以与言志也。是故矢志不移，首当济之以勤俭。勤则努力不懈，勇往直前；俭则养廉存耻，知所应为。恒由是生，德由是长，为学治事，不惑焉。

敏社诸君，毕业在迩，为留永念，有编印同学录之议，索序于余。尝以木本同根，荣枯与共，多年甘苦，义不容辞。谨缀数言，与诸君共勉。仍盼毋忘校训，师友关怀，爱校爱群，自慎自重。是为序。

一九七六年春

赠言（1977 年杰社）

洎母校创建，于兹八十八载，而徙澳亦已三十九年，浮沉两粤，播迁数起，赖神恩眷祐，先贤筹幄，惨淡经营，而规模粗具；佥亦师友熏陶，同心同德，百折不挠，有以至焉。盖以基督教义，启迪发扬，因就校旗色泽，誉之曰“红蓝精神”；名虽抽象，惟道之意诚，见诸行动，则力量升华，具体而微矣。余幼列门墙，长执教席，沧桑变幻，感慨殊深，尤以抗日期间，护校救国之事，悲壮动人，而建树滋多，校誉日隆。尝悟红蓝精神胥为培正儿女之传统光荣表现，特归结于仁爱、服务与牺牲三者，言行一致，可不勉哉？诸君毕业在迩，前路骏奔，慎戒骄矜之色，复思勤俭之训，处事待人，毋敢怠忽。尤应爱护母校，关心同学，此培正大家庭之所以备诸君设也，须知培正之光荣，乃诸君之光荣，培正之耻辱亦诸君之耻辱，舟行共济，木本同根，互助互爱，人情之常也，幸善择焉，庶不负师长期望，而急欲责成大器云矣。基督云：“非以役人，乃役于人。”笃厚至论，弥足殷鉴。临歧怅惘，情逾乎辞，聊惜数言，庶几同勉。

一九七七年春

赠言（1978 年英社）

英社诸君在校攻读多年，行将毕业，一旦分袂，各奔前程，为师者一若家长对儿女之心情：既感欣慰，又觉依依，谨赠数言，聊作惜别之词。

我校创校于兹，垂九十年矣。虽久经变乱，至今仍能屹立于世者，实有赖于校友、家长、社会人士之爱护与支持，师生之努力，有以致之。

每唱校歌首句“培正培正何光荣”时，诸君其有所感乎？须知我校之有今日，能获“光荣”称誉者，固有赖前贤缔造之艰辛，校友在事业之成就，亦有赖在校师生团结合作，同学在校学业与品德有良好表现。今后能否保持且将此良优之光荣传统发扬光大，亦视诸君之努力也。

“红蓝精神”乃我校一贯之优良传统。“至善至正”乃我校一贯之教育目标，诸君在校多年，当耳熟能详。诸君离校后，无论升学就业，须知世途险恶，事不如意者十居八九，应重视立身处世之道。语云：“失败乃成功之母。”故做人做事，宜多吸取失败之经验教训，切记谦虚谨慎，不骄不躁。面对困难，勿因遭挫折而气馁，务求再接再厉，不屈不挠以达成功之途。

别矣！盼诸君毋忘母校，谨记多年师长之训诲，有厚望焉！

谨祝

鹏程万里！

一九七八年春于娱园

赠言（1979年荣社）

荣社诸君毕业之年，周逢创校九十大庆，虽云机缘巧合，具见意义深长。

诸君就读期间，当深念母校创业迄今，历尽几许艰辛，进展过程不易，从无到有，由小到大，校友遍及全球，服务造福社会，谟谋渐显，校誉日隆，实有赖于 神恩眷祐，校友、家长、社会人士之爱护支持，师生之努力合作有以致之。

诸君行将毕业，今后各奔前程，既源出于培正，对母校师友当有亲切感情，对校园景物必存深刻印象。社号曰“荣”，应知培正为我侪大家庭，培正之光荣属大家之光荣！培正之耻辱为大家之耻辱！诸位虽毕业离校，无论升学、就业，仍盼恒久保持传统之“红蓝精神”，发扬光大，加强团结；步前人之努力，树后进之楷模，摒弃歪风，永循正轨，为社会多作贡献，使母校更添光荣。荣辱之差，冀能自择。谨缀数言，愿与诸君共勉。

赠言（1982 年骏社）

骏社诸君行将学成离校，特编印同学录，借志铭念；多年师友，遽唱骊歌，能不依依？谨赠数言，以资共勉。

时光转瞬消逝，社会不断发展，科技日益进步，目前世界已进入太空穿梭时代，我辈生逢斯世，应有时代自豪感，诸君毕业后，不论升学深造或服务社会：应毋忘“至善至正”校训，视之为座右铭，记取师长教诲，并须身体力行，方不愧称红蓝儿女；毋忘同窗共学之情，应时相联系，互助互爱，共同进步；毋忘继续学习，充实自己，跟上时代，语云“学如逆水行舟，不进则退”，做到老，学到老，切莫成为时代落后者。在此祝愿骏社诸君今后有如万马奔腾，前程似锦。

最后，谨录《圣经》一段相赠：“弟兄们，我不是以为自己已经得着了，我只有一件事，就是忘记背后努力面前的，向着标竿直跑，要得　神在基督耶稣里从上面召我来得的奖赏。”（《腓立比书》第三章十三、四节）

一九八二年春于濠江娱园

赠言(1983年凯社)

凯社同学行将毕业，升学就业，各奔前程，多年师友，能不依依？爰缀赠言，以志惜别之情，并申祝贺之意。

我校校训“至善至正”，“至善”乃培养自己以及别人之品德与知识，达至最完美之境界。“至正”主要为正其心，能正其心，而正己正人，方能臻于至正之标的；其中包括自己接受教育且教育别人，即“学而不厌”与“诲人不倦”两个方面。际兹世风日下，急功近利之社会，尤显特别重要，子曰：“学而时习之，不亦乐乎?”“得天下英才而教之，一乐也。”贵社命名“凯”，含乐之义，乐于立己，乐于立人，共同朝向“至善至正”之方向而努力：此乃我校优良传统之体现，师长经常所教诲，亦为我所期望于诸君者。“天行健，君子以自强不息。”宇宙事物之运行为稳健、动健，吾人亦应如是，尤其生于今天竞争性极强之社会，更须“苟日新、日日新、又日新”地前进，方能适者生存，有所成就，服务于社会。“凯”又一含义为自强不息，有大理想、大作为及大贡献；此亦我校优良传统之体现，师长所经常教诲，亦余所切望于诸君者。

执手致意，不尽依依。铭曰：士志于道，风雨寒窗。至善至正，校训斯彰。天行不息，君子自强，师友诲喻，凯悌莫忘！

一九八三年夏于娱园

赠言(1985年博社)

荔熟荷香，骊歌高唱，博社诸君，力学多年，行将毕业，一旦分暌，能不依依？谨缀数言，聊作赠别。

《圣经》训曰："侧耳听智慧，专心求聪明，呼求明哲，扬声求聪明。"（箴言第二章二一三节）盖当今之世已进入"太空时代"，科技日新，瞬息千里，稍一松懈，即有落伍、淘汰之虞，诸君应自强不息，切勿固步自封。虚心汲取知识，专心探求学问，悉心培养善德，以期德智兼备，力臻"至善至正"。

诸君社号曰"博"，诚嘉名矣！《说文》释："大也，通也。"寓广大而通达，至明而至聪之深义。诸君务必以实副名，达于四博之境：

一曰博志。诸葛亮云："非学无以广才，非忠无以成学。"志乃学、才之首。诸君当光之博大高远之志向、为国为民之抱负。

二曰博学。古语云："多见者博，多闻者智。"然仅有博智而无德行，亦非完人。诸君为学，既需博识当代科学之新知，更需秉承历代圣贤之美德，始能品学俱优，才学皆博。

三曰博爱。韩愈云："博爱之谓仁。"仁者之心，乃博爱之根本，根本既至，即可由爱我至亲，进而爱我同学、爱我师长、爱我培正、爱我中华、爱我世界。

四曰博施。《论语》云："博施于民，而能济众。"博爱既存，则舍己为群之精神之矣，而博施济众亦可成也。

李白诗云："大鹏一日同风起，扶摇直上九万里。"兹值港澳两地面临过渡交替，诸君将为明日之栋梁，尤需谨记"至善至正"之校训，发扬"红蓝精神"之真义。存博志、求博学、怀博爱、行博施，一展英才，造福社会，振兴中华，庶不愧为红蓝儿女矣！

丽日晴空，前程似锦。愿博社诸君：努力！珍重！

一九八五年夏

第三辑　往来书信

陈恩美致林署理校长、邝主任、各位老师、各位同学（1962年12月24日）

林署理校长、邝主任、各位老师、各位同学：

相信各位接到我这封信是感到快慰的，因为我已平安抵达檀香山了。回忆我离澳那天，蒙各位师长同学热烈欢送，尤其是邝主任派校车替我搬运行李，各位以爱心待我，使我永不能忘！谨此衷心致谢！

去年十二月十一日下午五时半，我上机前的心情，真有说不出的难过，因为马上要离开各亲友，离开我们可爱的中国作客他乡了。

泛美机相当大，可容百余人，有暖气设备，有日、中、英、美的空中小姐，招呼周到，我是全机中国人中最小的一个，一切都感到顺利。三个半钟头后便抵达日本，停了句钟，我们的飞机又再度入云海。当我醒来，已渐渐天亮了，五颜六色的云彩在我们的机下，美丽至极！气候也渐由暖变热，此时我也不用穿大衣了。

当日到檀的中国人只有我一个，但感谢主，一切上落手续均顺利办妥，我很快与姑丈、姑母亲友欢叙，他们用活动影机替我影相，把花串环在我的颈上，我感到异常兴奋，所见、所闻、所吃的一切都是新奇的。

这个多星期来，我没有一天闲着，不是逛地方，便是被请吃餐，且圣诞节来临，又忙着替姑母包礼物——相信各位收到此信时已欢度圣诞节了，这里早于月初便随街布置好了，这里的人很注重此节期，收音机或电视机早已播出圣诞节诗歌了，我想各位也同样忙了，我很想知道学校近况，团契怎样？人数有无增加？有多少同学归主呢？甚念。我每天也用团契送给我的象牙筷子吃饭，我虽远离各位，但心常想念着我的母校，我希望彼此能常有联络，因着分离而更显出红蓝儿女的亲切！在此，我更要多谢各位老师长以往对我的栽培、教导，我真永不忘记！我希望能随处发扬红蓝精神来报答各位师长对我的爱护、祈望。

在这环境里一切均是新的，今后我该有新的心志向着我求学的目标前进，我因年少无知，学识浅薄，盼各位老师能多来信指导，并请为我学识代祷，求主赐我有新的力量应付一切吧！

下月廿一日我入的学校才开课，学校距我家不远，我因不会驶车，故暂乘巴士（由家门至校门）返学，非常方便，该校也为一间基督教学校，校风很好，我将会把学校生活向各位报道的。

别后各位都好吧？念念！惜今年未能与各位一起庆祝救主降生，最后敬盼诸位不可忘记远在异国的陈恩美，她常常等候各位的佳音！敬祝

主祐　母校！

学生陈恩美谨上

一九六二、十二、廿四

邝秉仁致周公谅、高雁云——邝副校长飞抵美加备受各地同学欢迎(1971年10月12日)

公谅　雁云学兄：

此次“大乡里游埠”，辱承林思显校监、林湛校长及诸位学长，驾临机场送行，感愧殊深，谨致谢忱。

第二十九日搭航机离港，即晚抵东京，蒙英豪兄迎于机场，并指导一切，同寓第一酒店。留东京三日期间，随英豪兄得冯曼玲（仁社）及常广荣（斌社）同学指导游览东京名胜。甚畅。

十月二日晚搭日航离日，同日上午（并无搞错）抵温哥华。抵埠时，何国权会长早在机场相迎，取行李后，顺利过关（借何会长威，故也）。至接机处，则林保罗副会长，萧锡封、邓丁森老大哥、李建携、赵仕扬、刘伟民、卢显勋、苏志强、苏少娟、少媚等同学接机，并蒙卢显勋（毅社）驾车接到其府上寄寓。卢君伉俪殷勤招待，甚感其惠。连日蒙何会长、林副会长、李廷光、邓丁森、林思齐、周雄威、钟冰影、苏少娟、志强姐弟等招待，午晚宴无缺，又参观University of British Columbia，Simon Fraser University，City College Eric Hamber Secondary School等学府，颇有收获；此外并游览此间大公园、博物馆、各风景区、名胜古迹、大百货公司及市区繁盛街道。虽然，“跑马看花”，实在“大开眼界”。——详情容当另告。

十月七日晚七时加西培正同学会假“唐人街”华侨酒楼赐宴欢迎，筵开五席，参加者有何国权会长、林保罗、倪静仪副会长及李廷光、邓丁森、简而明、高永峰、李建携、周雄威、黄寿鸿、赵仕扬、刘伟民、周柏芳、林国祥、卢显勋、李华英等达六十人，其中长者如萧锡封（一九二四）、少者如苏少娟（一九七二），远者自域多利赶来参加者李宇平，真是少长咸集，充分表现“红蓝儿女一家亲”之精神。席间先唱校歌，何会长致词后，由弟代表澳门母校向各位校友致候，并报告澳校简况（附送印备之特刊），林国祥祈祷，菜馔丰盛，烹调水准不让香港，“水过三巡”（不设酒），随何会长分席敬“水”致谢。饮饮食食，谈谈笑笑，共话同窗，欢叙往事，不知不觉，已是深夜十一时，唱校旗歌，拍照留念而散，余情未断也。

十月十一日晨随何会长驱车往美“西雅图”，同行者有萧锡封、邓丁森、关耀霖，访刘如柏于其开设之“花鼓酒家”，蒙赐午宴招待，陈卓峰（一九二四）在焉。午宴后由陈卓峰领导至其大府访李信标及其宝眷（陈李亲家也），并参观 University of Washington，及埠内名胜。晚七时美西北培正同学会假帝后酒家设宴欢迎，筵开两席，参加者有陈景年会长、徐亮星嫂暨公子贤媳、刘如柏伉俪、陈卓峰、李信标等廿余人，席上陈会长致词、弟致谢及报告，行礼如仪，不在话下；同窗话旧，畅谈甚欢，惜乎弟等须即晚赶返“温埠”，九时席散。飞车公路，阵阵霞雾，到寓已凌晨一时矣。

十月十二日本拟随丁森兄往游域多利，惜醒得太迟，且天寒下雨，未果。越日下午二时乘加航飞多伦多，已电刘辉会长预作安排矣。

此行虽经三地，历时两周，但已体验红蓝儿女友爱情深，“教育生涯”虽“惨淡”，良足告慰。

“震”笔写来（年来弟执笔手震，故谓），不知所云，伏祈谅宥。耑此，敬候教安

李校长、王主任、巫主任、吴主任、罗主任、柳主任暨诸位同寅前，祈代候安。

同学会诸位会长、顾问前乞代致候。

弟秉仁叩

十月十二日

邝秉仁致周公谅、高雁云——邝校长访问渥太华满地可备受欢迎（1971 年 11 月 1 日）

公谅　雁云学长：

弟于十月廿日下午离多伦多乘巴士 Grey Coach 赴加首府渥太华 Ottawa。蒙关炳韶副会长、刘鉿、余觉湛等校友送行。车行约五小时，沿途风景秀丽，尤以叶色七彩（红、橙、紫、绿、金、黄、棕），更为夺目，入夜抵步，寓青年会。留渥太华期间，蒙朱荣柱、郑宝莲等校友招待指导，参加渥太华大学 Ottawa university 及加列顿大学 Carleton University，游议会大厦、公园、图书馆等名胜。

廿二日午后乘巴士往满地可 Montreal，车行三小时，夜宿青年会。廿四日下午赴华人长老会礼拜堂守主日。遇东山培正校友及老友多人与陈约翰牧师，陈赵思婵（前澳校教师），邝国辉、国良昆仲，该会牧师陈保罗（即觉社社友陈从信）在讲道后，介绍弟与会众相见。留满时蒙陈保罗牧师、邝家昆仲及其父（邝锦铭）母（张氏）黄寿柏等招待，参观麦基路大学 McGill University 及游览。廿五日晚何国权伉俪游欧经此，曾来电话，惜未晤。廿六日陈牧师亲自驾车送往机场，乘东北航机飞波士顿，结束加拿大各地旅程。

弟旅加四周，途经各地，均蒙校友热诚招待指导，殊深铭感。各地校友对港澳母校近况极表关怀，垂询甚详，弟除一一致答外，并代母校向各校友致候，而各校友又嘱弟代候港澳老师同学安好，同窗情切，溢于言表，其爱校热诚实非拙笔所能表达。

离港前承　嘱报导旅途概况，惜弟每日生活紧张（邀约不断故也），早出晚归，离港月余，发未曾理（非独价高，实因无暇），有违　尊命，伏乞　谅宥。耑此，敬候

撰安

列位校董、李校长、林校长、林副校长、港澳校各同事及同学会列位会长顾问暨港澳各同学前祈代候安。

弟秉仁叩

十一月一日于纽约

苏元济致邝秉仁——升学香港中大或浸院较为上算(1973年2月9日)

邝老师：

由于证件不便，故年来没有回澳返母校一行，致失去联系几达年余。去年收到老师之圣诞贺卡，使我觉得很愉快，而我近况对校中同学，可能提供有用之资料，故此执笔写这信。

目前我正在中文大学研究院攻读电子学硕士课程，为期两年。并兼任该系助教，加上助学金及香港政府免息贷款，故经济上并无困难。目前课程方面，要修八科，合四张试卷，另外还要写论文。现在学籍册上是注册为科学硕士（M. SC.），依例各试卷均要考试，但有可能改为攻读哲学硕士（M. Ph.），如是，则论文占之分量最重，而各项课程不用考试，改为写 essay。研究院之制度与大学本科有极大之差异。我修读的课程有半导体理论、逻辑电脑线路之设计及通讯学。论文题目则与可极化介质之电磁通讯学有关。工作方面则负责大三实验及两节道修。现在电子系是在沙田校址科学馆内。

我本人在入中大迄今，一直都没有交过学费，这并不是说我成绩很好，只是助学金较多而已。我觉得，若家庭经济不佳，去台湾升学并不比在港读中文或浸院上算，因台湾不易找兼职，奖助学金不多。联合迁入沙田后，设备改善，现有豪华宿舍供学生住宿，由澳来港之同学，申请宿位定占绝对之优势。研究院是属中大所管，故我并不是联合学生，而是在中大注册。电子系则属于联合，故我是联合之教职员。研究生宿舍并未建成，而助教并未达到配给教职员宿舍资格，故此，我并不是住在宿舍。

我是一九七一年毕业，于回中大读硕士之前，曾教了一年书，薪金不错，唯一可向母校保证的，我已尽了做师长的责任。

中大短期内不会开博士课程，故毕业后，我拟在电子厂中工作，获实际生产及设计经验后，再攻读更高学位。

近代科技与前比较，有了很大的改进。而大学课程，亦作了适当的调整，澳门由于政府不资助学校经费，故较难获资深之教员任教（香港的私校，大都有这个困难）。母校教我们恒社的老师，五年后的现在再回顾，仍觉得是经得起考验的。

我早已迁离西环旧址，现在住在新界粉岭。每天乘火车返中大。由于乡村邮递不便，故一切信件请直寄九龙沙田中文大学科学馆电子系苏元济收。住址暂无电话，不过，可用系内电话一二一六一二二一一内线三一二。

若我有可能为母校弟妹服务的地方，我当荣于效劳。希老师转告各同学，不要太为升学四年之费用焦虑。许多较贫苦的同学往往以为家庭不能支付其大学学费及生活费而于中四或中五便散漫下来。当然，大学时期，入息最多只能自给自足，极难供养父母。

香港是商业社会，故欲在港立足的同学，应入商学院。理科人材在香港并不太需要，故望各同学不要被“理科学生是较优秀的”这话影响而作虚荣的选择。不过由于电子系实在是充满活力的一系，系主任兼教授高锟博士处事严正，故若入学试成绩好，必定有入学的机会。

夜深了，暂不写下去，回澳时必会回母校探望各位敬爱的师长。敬祝

身体健康

一九六七恒社学生

苏元济启

一九七三年二月九日

1934 荫社港社友致澳社友书
（1976 年 6 月 26 日）

澳门荫社天照、兆麟、锡良、秉仁、寒淡学兄：

上周留港荫社社友多人赴澳，参加澳港社友联欢会，承殷勤款待，大出所期。引游旷观，冒酷热，抗烈日，更具浓情，再享以精美饮食，佳酿奇味，几疑误闯皇筵，雅谊纯恳，在两日盘桓中，得与　诸兄嫂团叙，恍似多年前在校之乐，生机朝气，勃勃蒸郁，失落四十余年之欢娱，忽尔再燃，豪情胜慨，不逊当年，岂唯人生之乐事，乃世间之奇缘，此皆诸兄嫂之赐也。

幽欢未已，俗务难脱，黯然登舟，即复相遗；回甘绕梁之余，愿天缘可再，重与 兄嫂等剪烛于香港，补日昨未尽怀素，使此间诸人，渡头迎迓，则幸甚矣。

临笔神摇，不备不庄，耑此敬候

暑安

留港荫社赴澳社友敬启

一九七六年七月廿六日

陈继明致邝秉仁(1977年7月11日)

秉仁老友记平安：

犹忆约二月前本市培正同学江尚钰兄到访，并惠下母校“扩建校舍筹募委员会”劝募信乙封，欣知母校校务蒸蒸日上，乃老友办事有方也。兹夹付八打灵（Petaling Jaya）汇丰银行汇票乙纸计港币壹百元，涓滴微意，幸勿见却，该票号为PJA386921HKP，到祈查收，是盼。

一九六六年道别至今，倏忽十载有一，时光易逝，岁不我与，诚然。

弟自一九七五年五月一日被本教区主教按立为义务牧师之后，除仍任职政府官员华语学校外，兼理教会会务，故甚繁忙。

本地培正同学据江尚钰同学调查所得，约十余名，但因无组织，故无缘约齐会面，本班同学除赵荫亭在马来西亚南端柔佛州外并无他人。林明伦则在星加坡，闻最近已仙游。

港澳同学请代致候，尤其是梁寒淡兄弟，尊夫人前亦代致候。愿

主恩永偕！

老友陈继明谨泐

一九七七年七月十一日

李纪麟致邝秉仁(1978年10月17日)

秉仁学长：你好！

相信你接到这封信，会有点突然，但想一想又可能记得起来吧。抗战初期到今天，屈指已四十余年了，这几十年间，在整个宇宙日程来算，时间会觉得很短，但人的生命来看，四十年时光就不简单

了。弟抗战时有一段时间去了泰国（暹罗），返国后曾与周志满兄在培正中学任教（黄启明校长时代），那时刚刚疏散到鹤山城（借用昆山中学校址），随后黄校长调我到澳门培正分校（卢家花园），再一段时间，我才转到兴华中学港校任职，直到香港沦陷（一九四一年）我又转入内地教学，年复一年——抗战胜利—全国解放，弟也没有离开教育工作，至一九七六年才在市立第三十二中学退休，今年已六十八岁了，为祖国教育事业共计四十余年，服务也足够了。生活道路是崎岖的，所谓咸、酸、苦、辣，终于享受晚年幸福——甜！可以告慰于学友。我在三十二中学时间相当长，达二十年，是开办已调我来的，这里有培正两位同事——林恩光（总务主任）和邝炳扬（会计），我是当语文科组长的。林恩光兄与弟已退休，炳扬兄现仍任职该校，这间学校向来都接待外宾，不少欧美日和港澳人士到来参观，弟曾主理该会一间书画展览室，在这个阶段，曾听说吾兄当了澳门培正校长。至今才有机会写信给你。

现在我的儿女长成了，都参加祖国建设事业，爱人在培正时你是见过的，她也退休了。广州的培正同学不少，先是我级敬业社的就有十多人，其中赵锦源、周志满、廖寿柏、何崇柏等常有见面，或到泮溪聚餐哩。希梁兄等返穗时来探我，这个年代不是咫尺天涯了。韩一英学兄是否在澳门培正？如是，请先代弟和我爱人问候！改日再函致候。

相隔数十年，仅以近作“桂林山水”画一帧相赠，聊表千里送鹅毛之意吧了。敬祝

健康！阖府均安！

弟纪麟手上

一九七八年十月十七日

（明年——一九七九——是否培正开办九十周年纪念？请来函顺告知。）

通讯处：广州市西关逢源路九十二号二楼李纪麟收。

林思显致邝秉仁（1979 年 11 月 21 日）

秉仁校长道鉴：

日前澳校举行培正创校九十周年纪念大会，弟承邀参与盛典，目睹澳校近年积极发展之成就实况，尤以此次盛典中各项秩序安排之充实得体、校园布置之美轮美奂，备见澳校全体师生同心合力，精诚团结之特色。在校长与各位老师事前缜密策划及领导下始克圆满完成此一神圣任务，凡参与盛会者无不同声颂赞主恩，使澳校每一分子均在发挥“光与盐”之大能。弟忝属澳校成员，应感共荣。并对　校长及各位老师、同学，深表衷心敬佩之至意。

另者此次澳校同学会捐赠母校篮球场灯光设备，复蒙热诚款待，统烦转致万二分谢忱为荷。

专此布谢并候

道祺

弟　林思显　敬启

一九七九年十一月二十一日

邝秉仁致赵利民（1981 年 4 月 29 日）

利民学妹：

廿五日函及前月来函及相片均已收妥。谢谢学妹爱校情殷，殊深钦感。愚见当今培正学生所表现之红蓝精神不如过往，良堪浩叹。捧读《红黄诗选》林瑞铭老师之七绝一首：

坪石因缘逐水流，金鸡不解此中愁。

人生道上多风雨，梦断红楼恨未休！

不惴狗尾续貂，谨步次韵偶成一首：

濠镜波平水漫流，娱园子弟未知愁。

正轧道晦明风雨，誓保干城永不休。

谨覆顺祝近安！

邝秉仁

八一年四月廿九日

赵利民致邝秉仁——忆坪石培联
（1981 年 11 月 1 日）

邝校长：

谢谢你，今天收到你的来信，使我喜出望外，能接到回信，已感荣幸极，是难能可贵的事，更得到你和林主任的大作，怎叫这个学妹不高兴得要跳跃起来呢！可是人老了，又肥，怎可忘形！总之谢谢你，谢谢你这位校长，学长，利民衷心多谢。

看到来信写的“……爱校情殷……”不禁泪滴衫襟……就是如今单写出这一句时，泪水也把视线遮住了。我说不出为什么。事实上，每当我静下来的时候，一想起坪石培联，便难以控制对它的追忆。……

是去年六月，接到失散了三十六年的广州昭社同学一个一个的来信，是他、她们找着点滴探访到的。沉静了多少时日的往事，三十六前的踪影在闪耀着，我决心追寻它，找着了，虽然找到了三十六年前的灵魂，却已套不入今天的躯壳中，然而那有过的年青时代的一页历程，坪石培联的两年三年，是使任何一个培联校友，都难以遗忘的黄金时代。学习与友谊，勤奋与诚恳，这是母校培育成长的，我敢相信，如果不是培正培道联合中学而是任何另外一间学校，设在白沙河畔，就算金鸡、松岭，与武水，多幽美的风景区，多宁静安祥的环境，也不容易有我们校友、社友、师生的纯真友谊今日的联系。邝校长，假如我们不是在红蓝旗下熏陶出来的，会有一线之牵引起今天的书信来往吗？会不见三十六年，旅游车上能听到你亲切地细诉当年逃亡生死一刹的紧张往事吗？这就是代表红蓝的本色，也正如，我明知，金鸡松岭白沙头，并不是一篇好文章，都大胆地寄到　邝校长之前，不是表演文笔，想你会明白为的是什么。……虽然以此自慰，但事实要请　邝校长原谅我未能把坪石联校的一切写得完美。这是利民有心而力不从。

邝秉仁致周、康、薛、黄诸弟——邝校长游美加（1981年11月16日）

周、康、薛、黄诸弟：

予偕内子离澳瞬又两月，校务偏劳，殊深铭感，不知何以言谢？惟盼百事安祥，进行顺利为祷，此行已经美国夏、加、内、华、维、马、田、阿（阿利巴马）等州，及加拿大BC安省，遍游檀、三、拉、罗、西、温、域、多、纽、京、纳等市，现暂住都镇小儿家两星期，下周再经科、坎、加、檀然后返港，预期年底回澳。此行虽然坐机、车游埠，但眼界大开，尤其得亲友接待，同学欢迎，热情洋溢，匪可言宣。美加各地同学会诸校友对母校发展及港澳情况备极关怀，并嘱代向各师友候安。予等虽长途机车劳顿，幸赖神恩眷祐，尚获粗安，请舒锦注。

情意未尽，左笔难书，就此为止。敬候

教安

诸代候

周、冯、何校董，各同学会会长暨校友，及各同事、同学安好，恕不另。

邝秉仁

十一月十六日于都拉荷马镇

李鹤龄致邝秉仁——荫社同学近况
（1982年10月1日）

秉仁兄：

家彦兄把八二年出版的广州培正会刊寄给我家，从那里我发现了你并估计你仍在培正，也知道寒淡还活着而且生鬼如昔。（编者按：生鬼，广东话，大意指行为有趣。）前二十年陈鸿振把他在侨汇商店无意中碰到老瑞枢的事告诉我，我立刻写了一封信给老瑞，他回信感慨系之，说彼此有四分之一世纪没有见过面。而我们没有会面却比四分之一世纪还要长。

其实早几年我就听说过你的消息，并想像你大概不会离开培正的，不过人事沧桑，又怎样说得一定呢？

我自从和你最近一次见面以后，便离开石岐到岭南大学去了，那时社会动荡，学生人数急剧减少，的确无法支持下去，由政府出面将私立学校联合起来，我挂个名当个副校长，摆脱了实际责任，教几点钟书，后来得到一次机会，我就溜之大吉。

在岭南不久，便和中大合并，我们这里叫做院系调整。中大搬到康乐，工、农搬到石牌，改名为华南工学院和农学院，我学工科的，在工学院。在华南好几年，又来一次调整，华南的电专业一分为二，去成都，来武汉，我就那个时候到武汉来的。不久华南又恢复办电，可是我已经落地生根，想走也走不了，只好做

“老”头，老死这里了。

几十年来，得到什么呢？养大一棚仔女，老两口依然活着，也许就是这些了。我有女三人，两个正规大学毕业，一个非正规的，都已自立。对于老一辈，已完成了生养死葬的责任，对于小的一辈，也算是抚养长大成人。国内有退休制度，年老时可领退休金，足以维持生活，不致拖累儿女。就个人说，可说是完成任务了。但是对年青时的雄心壮志，不敢回忆，每一念及，辄倍增惆怅。

我院有水利和电力两大类事业，我在电力工程系，一直都在教书，起先教本科，最近几年主要上研究生的课和指导研究生。人老了，精力不行了，新东西又要学，当然是很吃力的。

过去对一些老朋友甚少联系，由于环境关系，与国外朋友更少通信。

在武汉的荫社同学连我共三人，上面已经提到他们了，不幸都已前几年作古了，现在就尚有我一个孤家寡人。在他们生前，我们也有来往，鸿振住在汉口，瑞枢和我住在武昌，来往也较密。

寒暑假我回广东，都会去找荫社同学倾倾，以前在广州有张凤仪、陆能源、马翼云、李宝铿、方瑞濂、陈启明、黎德汉、温可仍。现在张陆两人已经去世，马夫妇出国到他们女儿那里去了。李系空军医院外科主任，卧病在家。前两年李民志由海南岛回广州，刚好我也在，李民志和我在温家会过一次面，不久陆因车祸腿受伤住院，我曾同民志到医院探视，他已出院，不料在温家那一次会面就是我和陆最后一次见面。回想在华南工学院时，我和陆兄是邻居，常常见面的。

我们这里叫大学与社会，一间大学里除教室、实验室、教师、学生之外，什么都有，学校还要替教工子女解决读书就业等等问题，所以学生人数即使不十分多，学校系统却非常庞大。一间中等规模的大学，住在学校里的人口往往有几万人，我院就是这种情况，我住在学校的宿舍楼里，住一个单位，有几百平方呎，孩子不在身边，夫妇两人。希望你抽空回信，尽量介绍老友情况，来信就寄来家里。言不尽意。

祝

好！

弟鹤龄上十月一日

家里地址：武昌璐加山武汉水利电力学院（一〇三）舍四号

黄高惠珠致邝秉仁——母校温情难以斗量（1983年）

邝校长、卓老师：

你们好！

离校快将一年，未能回来向你们问安，请谅。

每当返澳途经母校时，不禁泛起感触，廿年的土生土长之地，有多少我的导师、同事、学生。在母校所得到的温情实难以斗量。更感谢你给予我在培正任教的机会，使我从中吸取了不少。但自问曾亏欠学生的委实太多了。衷心盼望你们教安！

并各同事好！

晚

黄高惠珠上

第四辑　校务报告

第一段考教导会议

——教导处报告本段教导概况（1959年）

第一段考教导会议在十月二十七日下午四时举行，由邝秉仁主任主席，并报告第一段考内教导处的工作概况如下：

一、开课后各周中心工作：

（一）各班编妥座位并选出或委出班长。

（二）改选学生会及各班、社职员。写注册卡。发“学生证”。各班社分别举行新旧同学联欢会。校长聘定各科务会议主席。

（三）旧生补考以前各学期不及格科目。召开第一次教导会。召开班长、社长、学生会、职员座谈会（公布“班长工作”及“社团办事须知”）。调查各班问题学生，班主任拟初步“家访”计划。

（四）召开毕业班教师会议，决定本届毕业考试办法及指导温课计划。

（五）十月六日举行英文科科务会议，由司徒永毅先生主持。

十月七日举行国文科科务会议，由林德章先生主持。

十月八日举行数学科科务会议，由邝乃良先生主持。

（六）十月十四日举行自然科科务会议，由李元主任主持。

（七）十月十九至二十四日举行本学期第一段小考。

十月二十四日举行全校秋季大旅行。

二、第一段内学生犯规纪录（以下均是人次计算）：

迟到卅人；不守课室秩一人；上课时阅读课外书二人；破坏公物一人；涂污黑板三人；不带书上课八人；讲粗言一人；在课室喧哗一人；欠交作业四人；说谎一人。——合计犯过人次共五十二人。

三、各班家庭访问的典例与收获（略）。

四、最近一届高中毕业生升学就业的初步调查统计如下：

1958 年度光社毕业同学共卅三人，计升大学人数十六人（包括浸信会学院九人、珠海四人、崇基一人、华南一人、联合一人）。英文书院三人、师范二人、专业（香港工专）一人、留学（日本音乐院）一人、会计一人、纱厂练习生二人、护士学校一人、就业二人、自修四人。

教导会议（1960 年）

二月廿七日下午四时，举行本学期首次的教导会议，邝秉仁主任分别报告最近事务处与教导处的工作概况及工作计划如下：

事务处工作：

一、传达室、音乐及劳作室的建筑工程，将于三月底完竣。

二、七十周年校庆时全校同学所献纪念礼品——原音电唱机一副，已请邝乃良先生设计安装。

三、劳作室建成后，拟添置工作台及劳作科工具，现在进行中。

四、后操场因劳作室的添建，故篮球场与沙地均重新布置。

五、传达室建成后，校门大道亦有所更改，音乐室前旷地拟布置美化，辟作小花园。

教导处工作：

一、本学期取录新生人数共六十九人。

二、本学期教导处最近数周的工作中心：

第一周：开课前准备（包括招生、注册、编订上课时间及定派课本等）。

第二周：编座位，选班长，填写新生注册卡，盖发学生证，二月十三日举行英语科科务会议。

第三周：各级英文补习班开始，各班班社改选职员，调整教师的授课时间，公布补考时间及补考学生姓名。

二月十九日举行英语科第二次科务会议。

二月二十日举行教学及自然科科务会议。

团契联欢会在二月二十日下午二时举行，同日下午，初二举行“康乐日”。

第四周：补考，学生会改选。

二月廿三日举行国文科科务会议。

二月廿七日举行教导会议，初一举行烹饪比赛，初□、高一下午七时半举行“兄弟班联谊晚会”。

第五周：公布补考成绩，凡补考仍不及格者，由教导处分别予以劝导，并分函各该生家长。

三月五日小五举行野餐。

三月六日小六举行野餐。

第六周：国文科出版课外阅读报告壁报。

三月八日学生会女同学举行庆祝妇女节叙餐。

三月十日教导处召开学生会，各班社职员及班长座谈会。

邝主任报告完毕旋讨论夏季改用作息时间及本学期春季旅行诸问题。

举行第二段考教导会议(1960年)

五月十一日下午四时召开小学、中学教导会议，傅渔冰校长主持，傅校长领祷及报告校务处后，继由邝主任报告：

一、教导处与事务处各周中心工作

第七周：公布第一段考试时间表。公布暂行夏季作息时间表。准备第一段考工作。

第八周：三月廿一日起，改用暂行夏令作息时间。三月廿一日至廿三日举行第一段考试。三月廿六日举行全校春季大旅行。地点：高小、高初中往氹仔；初小、幼稚园在本澳。三月廿六日至廿八高三同学毕业旅行，地点在氹仔何氏别墅。

第九周：三月卅日举行第一段教导会议。卅一日派发学生成绩报告表。四月二日举行英语科科务会议。

第十周：四月四日至五日清明节放假。六日公布第一段考各级优勤生姓名。

第十一周：新生检验牙齿。四月十五日教职员旅行氹仔。十五日至十七日复活节放假。

第十二周：四月十七日团契举行复活节纪念崇拜。十八日英语科举办“英语朗诵比赛”。

第十三周：四月廿七日公布第二段考时间表。准备第二段工作。启用新建传达室、音乐室、劳作室。分别劝告毕业班成绩太差同学加倍努力。

第十四周：因市政局规定校车限载额，由五月份起分幼稚园及小学两批接送学生，每月车费增收贰元。五月五日至七日举行第二段考试。国文科主办各级文艺广播录音，准备在课余播放。

第十五周：五月十日举行第二段考教导会议。派发学生成绩报告表。公布第二段考各级优勤生姓名。

二、第二段考内一般学习情况及典例

（一）各级学生成绩第二段比第一段普遍有了进步。

（二）小五级由班主任指导课余温习收效良好。

（三）小四级第二段后，由班主任收集同学们一段考以来各自的学行缺点检讨，同学们都写得很率直，很认真，这办法确可以启发儿童们的自觉能力。

（四）初小及幼稚园班主任对该班同学经常作出家庭探访。

三、请各教师注意事项

（一）请各教师注意校历中编定的毕业考与期考日期，适当编排教学进度。

（二）请各科主任在本月内召开科务会议，讨论下学期课程及课本问题。

（三）请各毕业班教师于六月五日前交齐毕业班各科学期成绩，俾便公布。

邝主任报告完毕，继决定于七月二日举行幼稚园结业礼暨恳亲会，组织及内容另由校长径聘筹委负责商讨之。最后分班讨论各生学生问题，至下午九时始散会。

学期终结举行教导会议（1960 年）

六月卅日（星期四）下午三时召开学期终结中、小学教导会议，傅渔冰校长主持，傅校长报告完毕，旋由邝秉仁主任报告第十五周至廿三周之各周中心工作如下：

第十五周：

五月十三日，发出第二段考学生成绩报告表，并公布第二段考各级优勤学生姓名。

五月十五日，初中一耀社举行成立二周年叙餐、晚会。

高中一级社户外活动。

初中三级社举行晚会。

第十六周：

五月十八日，高三毕业生座谈会。

五月十九日，国文科科务会议。

五月廿日，小六、初三学生座谈会。

第十七周：

五月廿四日，圣约瑟师范学生卅人来校参观。公布毕业班学期不及格学科补考时间表。

五月廿五日，英语科科务会议。

五月廿八日，小五恒社成立。

第十八周：

五月卅、卅一日，派员分别访问友校。

六月三日，高、初中、小学毕业生拍照。

六月四日，本校培道校友招待培道初三同学。同日，教职员会、学生会联合欢送高三毕业同学晚会。

六月五日，初二协社野餐。

第十九周：

六月六日，举行毕业班教导会议。

六月七日，公布毕业班补考学生姓名及其补考科目。

六月十日、十一日，毕业生补考学期不及格学科。

六月十一日，中小学宗教团契联欢会。

六月十二日，布置毕业试场。

第二十周：

毕业考试开始（中学：十三、十五、十七、十八、二十、廿二六天。小学：十六、十七、十八、二十、廿一、廿二六天。）

六月十三日，公布毕业班学生补考成绩。

六月十六日，公布期考时间表。

六月十八日，小学、幼稚园班主会议。

第二十一周：

六月廿二日，高三、初三、小六联合叙餐，并欢宴全体教职员。

六月廿三至廿八日，举行学期大考。

六月廿三日，毕业班教导会议。

六月廿四日，公布毕业考试成绩；公布毕业考试不及格科目，补考姓名与补考时间。

第二十二周：

六月廿七、廿八日，毕业考试不及格科目补考。

六月卅日，下午三时举行全校教导会议。

七月二日，下午八时，幼稚园恳亲会结业礼。

第二十三周：

七月三日，下午三时毕业生预习行礼仪式。

七月四日，上午十时在白马行浸信会堂举行毕业典礼暨感恩崇拜。

七月七日，夏令补习班开课。

邝主任在末次周会报告:“一学期来的教导工作概况”(1961年)

元月廿三日早会，是本学期的末次周会，教导主任邝秉仁老师对一学期来的教导工作曾作了详尽的分析。

他首先指出开学时教导处所提示的两个工作目标是：提高各科程度；加强师、生、家长间的联系，加强爱校精神。一学期来，教导处就朝向着这两大目标开展各项工作。

具体的工作有：

一、小学改换课本，尽量与港校一致。

二、英文科继续依照原定计划，用三学期的时间，将各级提高了一册读本。准在一九六一年开始时将计划完成。

三、数学科已按照上年度科务会议决定：在今年下学期初三增授三角，高三增授微积分。

四、各科科务会议及班主任会议历次俱集中讨论，研究如何提高教学质量的问题。

五、各班主任由第二段考起已积极进行学生家庭访问，收到如下的效果：

（一）加强学校与家庭联系；

（二）对学生行为，品质加深了解，以后更易于施教；

（三）使家长多了解学校；

（四）许多家长对学校提出应兴应革的意见，使学校知所改善。

接着邝主任举出本学期在全校老师努力下，工友、同学的协助下，已取得了一定的成绩。最显著的有下列三点：

一、同学们学业成绩普遍有了进步。第二段考成绩普遍比第一段好：各班优勤生人数增多；不及格人数减少。原因是：同学们学习空气较前浓厚——个人用功、集体温习都表现得严肃，认真，有恒；老师、班主任在课余之暇，或周末假日，也经常指导同学温课或补课。

二、传统的爱校精神，红蓝精神仍能保持不衰。同学们在课余及假日，不少停留学校，恋恋不舍；特别在去年庆祝圣诞中，在工作上、在合作上、在态度上，均能表现了“红蓝儿女一家亲”的亲切气氛。

三、对纪律较前重视。在上课秩序与集会中可看出来，这除了同学们的自觉性提高外，老师们的及时提点，经常督促、指导也是一个重要的因素，希望今后对守纪律的精神更来合力发展，使形成风气。

除了优点之外，邝主任还提出了同学们的一些缺点，他首先承认，这是教导处做得不够，同学们疏忽所致：

一、清洁卫生的习惯未见改进。校园、课室不时还有纸屑、杬核、粉笔碎发现；尿厕仍有杂物丢下；黑板、墙壁仍有涂污现象。

二、个别同学学习态度散漫。懒惰放弃，未尽所能；有时故意缺课，逃避测验；有时为应付一科考试，竟请假一天温习，顾此失彼，甘做分数奴隶。这种情形，虽极少数，但对同学是有不良影响的。

三、早会秩序及个别科堂秩序仍未达到“绝对安静”的要求。

最后，邝主任的结语说：今后教导处仍本着做大家仆人的精神，凡对学校有利，对同学有利的事，当尽力去做。因为培正是属于大家的，培正的好与坏，大家应该认为是自己的事；我们要保持和发扬优点，克服缺点，使我校达到“至善至正”的理想，真正做成一间有基督精神的学校，培育正风，名副其实，是所厚望。

邝秉仁主任在学期终结教导会议作半年来教导处工作报告(1962年)

一月廿七日下午三时，中小学先后举行学期终结教导会议，由傅渔冰校长主持，全校教职员均有参加，会中除讨论各班学生学行问题及申领助学金之审查外，并由教导主任邝秉仁作本学期教导处之工作报告，其要略如下：

（甲）本学期工作摘要

教导处除办理一般日常教务及训导工作外，其他工作摘要如下：

一、调整课本。

本澳教育行政机关对各校课程向无统一规定标准，按据本校历年学生转学及升举统计，往港者占百分之八十以上，故本校课程以参照香港课程为标准，课本亦采用港教育司所审定者各级课程尽可能依照港校为原则，本学期小学课本全部与港校相同。

二、设补习班。

根据校务会议决定，本学期十月份开始有各级补习班之设立，因经验不多，缺点在所难免，尚幸办理以来，备受各方好评，咸认设立补习班除辅助程度较差之同学进行温课及补习，并可减少家长精神或经济上之负担，教师亦可对同学多有接触的机会，补习教师曾举行会议多次，讨论教学问题及改善教学方法。

三、协助进行宗教教育。

（一）国文科举办布道会笔记比赛，配合该科作业，分高初中及高小三组，每组分级奖三名。

（二）国文科指导学生会举办圣诞壁报比赛，各班均热烈参加。

（三）庆祝救主降生大会游艺节目丰富，情况热烈。

（四）协助二龙喉福音堂举行布道大会，一连四晚在本校举行，员生参加者众。

四、举办各项课外有关学术与体育之活动。

（一）学术的：英语科指导学生会举办英语诗朗诵比赛。

（二）体育的：体育科举办中学乒乓球团体赛、小学乒乓球单人赛及女子跳绳比赛。

五、办理有关卫生保健工作。此项原属事务工作，因应实际需要，暂由教导处执行。

（一）新生健康检查。

（二）低年级学生接射白喉、百日咳预防针。

（三）全校员生工友家长接种牛痘。

六、经常召开教导会议、科务会议、班主任会议，研讨各项教导问题。

（乙）本校的优点

一、员生工友均能保持并发扬传统的红蓝精神。

本学期由一九六一年九月六日起开课，至一九六二年一月廿六日学期结束，上课时数共廿一周，教导处除经常性业务外，并执行校务会议之议定，按照教导处原定计划施行者，综合同事及家长之意见，咸感在教学上有较显明的改进；如本学期全体教师工友的工作较前加重而待遇尚微，而能一贯保持并发扬传统的红蓝精神，工作积极，师生关系，十分亲切友爱，爱校精神处处可见，学生在日常生活，对学校多有留恋之情，并充分表现了互助合作，步调一致的和谐现象。又如去年十二月庆祝救主降生大会中，来宾、家长、校友来校参加达一千三百人，游艺节目演出人数凡二百三十七名，参加布置招待等工作人员三四十众又如同学们之友爱精神，常表现于旅行，或访问同学中，两段考以来，教导处曾多次表扬同学们有工作能力；一般同学对各项学术与体育比赛多能自动踊跃参加；学生会方面历年分配同学助学金之工作，调查深入，分发公平，也是一件值得受赞许的事。

二、学习风气好，大多数同学肯用功读书。

近三学期以来，因计划提高各科程度，故一般功课比前繁忙，同学们学习更见紧张，特别是补习班设立之后，部分成绩优良学生亦有参加进修者，每日下课后，在课室内，在校园间，在图书馆或走廊，均见有同学分组温习。

（丙）教导处所发觉的缺点

一、教导处对计划检查督促做得不够。

二、各班仍有少数同学学业成绩不理想，对功课不重视。

三、少数班级间上课纪律未如理想，间有喧哗，上课时看课外书，不留心听讲等犯过记录出现。

四、未能彻底做到普遍爱护公物的美德，在课室中间有破坏书台、毁烂玻璃转窗、抛掷粉笔等事发生。

五、失窃问题尚有发现，本学期曾发现有失手表、失文具或现金事件，教导处对此极为重视。

（丁）校务会议检查教导处工作后所提出的意见

一、课本问题。

（一）注意课本内容或文字之错误。

（二）注意研究下学期课本。

（三）请各科主任审查各科课本。

二、家课问题。

（一）引起兴趣。

（二）注意实际效用。

（三）注意分量。

1. 适当分配每日各科分量。

2. 各科全学期作有计划的分配。

三、小学生手册问题。

（一）尽量应用手册与家长联络。

（二）各生应将每日作业填写在手册内。

（三）检查手册。

四、课室纪律问题。

（一）上课时应注意课室秩序。

（二）注意课室清洁：粉笔、纸屑、废物等。

（三）注意爱护公物。

五、班长问题。

（一）多鼓励督促班长工作。

（二）注意填写课室日志。

六、检查及改善学校印制之各科学生练习簿册。

七、今后应多举办学术及体育竞赛。

八、召开学级会议及科务会议，研讨有关上述各项问题。

校务报告（1979年）

今年澳同学会“同学日”，欣逢母校庆祝创校九十周年校庆之后。今天嘉宾满堂，校友云集，可以说，仍是我辈红蓝儿女大喜庆的日子。

本校校务近况，已在校刊或同学通讯曾作过较详细的报导，恕不再赘述了。

综合地简报如下：近年为改善学习环境，筹募扩建六层楼之新课室，已落成启用了一年多。会继续按计划将旧大楼的侧翼拆卸，扩大操场，添置多种体育器材，改善图书馆、实验室及添置其他教学设备。

今年校庆中，为纪念创校九十周年的“培正大楼”也告落成。该楼分两进，共六层。除部分增设特别教室外，其余分号租赁，收益全拨教职员福利之用。

为加强教学效果，特添购各项实验仪器、视听器材、彩色电视机、录影机、有声电影机、幻灯机、高影机、显微镜放影机、音响器材，并分设物理、化学、生物实验室及视听教室等。

本校中五、中六毕业同学，近年投考香港各大专学院及海外大学均见有良好成绩，投考香港高等程度会考今年及格百分比尚可追近。

训育上一直尽力保持传统的严谨的校风，引导同学多参与健康的文体活动及接受宗教教育的熏陶。

目前本校学生人数共二千六百人。中学十五班，小学廿四班，幼稚园八班。教职员人数九十人。

祝各位身体健康，精神愉快！多谢各位。

校务报告(1980年)

培正同学会在一九八〇年十二月份可谓喜庆频频，香港总会“同学日”首先举行，广州同学会宣告成立，继而今天在此，老、中、青校友云集参与澳门“同学日”盛会。每次聚会气氛热闹，红蓝儿女相聚一堂，共话同窗，爱校之情溢于言表，这使在母校服务的我们一群备受鼓舞。

本校校务近况，综合地简报如下：

本校仍坚持“勤俭办学”原则，遵循“提高教学质量”及“加强品德教育”两大方针施教。近年澳校获校董会、社会人士、校友、家长关怀与支持及师生员工努力合作，使校务得以发展，学生人数，日见增加。目前本校学生人数共二千七百二十七人，中学十六班，小学廿四班，幼稚园八班。教职员人数八十八人。为配合教学需求，校方经已积极改善学习环境，除扩大操场，增建教学大楼使中、小学及幼稚园分区上课外，并增加特别教室，扩充各项设备，加强直观教学。又通过研讨，进修提高老师教学水平。校方一向重视员工福利，使教职员们安心工作，以校为家，专心业务。现更在培正大楼增辟房间六个以供员工租住。一切措施，均以“提高教学质量”为目标。

本校学生历年升学香港及国内外者为数不少，去年度之应届中五、六学生有考取香港中文大学、浸会、岭南、树仁等大专学院，亦有升学国内暨大、华大，及台湾，更有远赴美加留学者。香港考试局一向承认本校中六生参加高等程度会考资格，今年根据考试局公布，本校中六生参加香港考试局之高等程度会考之成绩达香港之平均水平，其中部分科目之及格率更高于香港之平均水平。

训导上一向致力“保持严谨校风”，本学期更加强品德教育，提倡各项文体活动，使学生身心得以健康发展。尤以本校男女子篮球队，在学界校际篮球赛中蝉联两届冠军后，本年度又勇夺三组冠军。

祝各位身体健康，事业进步！

校务报告（1981 年）

本校向致力于提高教学质量，中六学生历年均获准报考香港考试局“高等程度会考”，1980 年度入学试各科成绩获及格以上者达百分之六十二点零九，达入学资格者二十二人，各毕业生除升学香港中文大学及各专上学院外，本年度升学东亚大学者廿余人，往国内外升学获合格取录者逾七十人。澳校向注重员工福利，设有“员工福利条例”，为符合实际需要，校董会已重新修订该条例，设公积金、医疗补助金、抚恤金等，由本年度开始实施。

澳校目前学生人数二千七百零六人，教职员人数九十一人。由于学生人数不断增加，现有之教学大楼已不敷应用。澳校为配合教学需求，年来不断致力于改善学习环境，校董会为配合澳校发展，计划将现在校务处办公大楼侧翼沿贾伯乐提督街兴建六层教学大楼，每层课室四间，底层为室内运动场。

澳校向注重同学之品德教育，以发扬传统严谨校风，除每周订有训导中心进行施教外，更有计划性地举办各项课余文体活动：设舞蹈组，儿童合唱团，篮、排球及田径训练小组等，力求丰富同学课余生活，增进同学身心健康，使学生德、智、体、群、灵五育得以均衡发展。

最后，衷心感谢社会人士、校友、家长对澳校之关怀支持，校董会之指导及师生员工之努力合作，使校务得以发展。

祝各位身体健康，事业进步！

附　录

邝秉仁先生生平大事记

（截至 1985 年荣休）

1915　出生。

1929　1929 年秋，荫社成立，初中二年级。[①]

培正银乐队员，后来跃升为指挥。其中荫社社员尚有罗伯乐和伍炎川等。[②]

高中一年级，当时青年会平民小学有四百多人，职员与义务教师，除低一级的张拱照外，其余（黎德汉、张亦可、邝秉仁、陆能源、梁寒淡）皆为荫社成员。[③]

1930　3 月 1 日，荫社社员往西村旅行，参观省立一中、协和女师、美华中学、工业专门学校、自来水厂等。[④]

1932　1932—33 年度培正学校学生基督教青年会“教育股”和“音乐股”职员。时梁寒淡同为“教育股”职员。

1933　1933—34 年度培正学校学生基督教青年会“音乐股”

---

① 邝秉仁：《偶拾篇》，《培正荫社离校卅周年纪念册》，1967 年，无页码。

② 梁寒淡：《我们的荫社》，《培正荫社离校卅周年纪念册》，1967 年，无页码。

③ 同上。

④ 马鸿述、马有为编：《培正青年》3 卷 4 期（1930 年 3 月 28 日），第 88 页。

职员。[①]

荫社高中毕业旅行，地点为清远。[②]

1934　广州培正中学毕业。入读岭南大学。

1935　10月6日，荫社社友返校，共25人，开秋季荫社社员同乐大会，并讨论荫社社务。邝秉仁当选为常务委员，负责广州“岭南区”的社务。[③]

1936　参加“筹建培正同学会所募捐队”。[④]

1937　七七卢沟桥事变，广州接连受到日机轰炸，培正全体员生随黄启明校长迁往鹤城。

1938　培正自鹤山迁至澳门卢家花园。

10月中，岭南大学停课，全校疏散往香港。

任培正秋声音乐社顾问。[⑤]

1938—39年度中学部银乐队指挥及小学部音乐科教员。胞妹邝智仁同为小学部音乐科教员。[⑥]

第29届青年会职员，和萧文先生同任“音乐顾问”。[⑦]

全校教职员任学生课外研究指导，邝秉仁负责“电影”的项目。[⑧]

---

① 《培正青年历届职员表》，《培正青年》7卷6期（1935年10月30日），第12页。

② 《培正学生》2卷1期（1933年秋），无页码。

③ 《荫社近讯》，《培正校刊》7卷6期（1935年10月30日），第16页。

④ 《筹建同学会会所募捐队队长队员芳名》，《培正校刊》7卷28/29期（1936年6月20日），第4页。

⑤ 《培正校刊》（迁澳第一号）10卷1期（1938年10月5日），第7页。

⑥ 《培正校刊》（迁澳第二号）10卷2期（1938年11月5日），第6页。邝智仁于协和女子中学修业，在培正小学任教音乐，1938年9月上任，每周授课40节，月薪42元。见《私立广州培正中学附属小学校二十九年度校务概况职教员一览册》，1940年9月，第4页。

⑦ 《培正校刊》（迁澳第一号）10卷1期（1938年10月5日），第8页。

⑧ 《培正校刊》（迁澳第三号）10卷3期（1938年12月5日），第1页。

1939 获聘为培正银乐队队长及教练。①

获聘为培正口琴会之乐队指挥。在1939年1月15日联欢会上获选的下届职员名单上，邝秉仁为“指挥”。②

口琴会于2月25日与培正的管队应邀参加两广浸信会主办之培正培道筹赈音乐大会，26日晚乘西安轮回澳。③

4月16日，黄启明病逝香港。治丧委员会委员。④

1939年12月22—23日之“五十周年庆典”筹委的名单上，音乐部负责人为“萧文、邝秉仁、黄日华”。⑤

1939年度上学期职员一览表，邝秉仁先生为该校中学部“管乐队教练”。其胞妹邝智仁为高小部和初小部“音乐”科教员。⑥

1940 与邝智仁和萧文出任第31届培正青年会音乐顾问。⑦

1942 任职坪石培正培道联合中学，大约是寒假的时段，在培联任职教员。⑧

1945 1月15日，粤北战事告急，培联停课，学生分三批疏散至乐昌，邝秉仁与黄伟才等人留校观变，至1月

---

① 《培正校刊》（广州私立培正中学）10卷3期（1938年12月5日），第7页。

② 《培正校刊》（广州私立培正中学）10卷5期（1939年4月1日），第18页。

③ 同上书，第18页。

④ 《培正校刊》（迁澳第六号）10卷6期（1939年5月1日），第12页。

⑤ 《培正校刊》（广州私立培正中学）11卷2期（1939年10月15日），第1页。

⑥ 同上书，第4页。

⑦ 《培正青年》（31周年刊）20卷1期（1940年4月），第72页。

⑧ 黄伟才：《坪石培联的回忆》，《香港培正同学通讯》30期（1957年2月20日），第2、5页。

18 日才与林瑞铭一起撤离。[①]

1946　5 月 24 日，在广州文德东路十六号同学会会所选下一届培正同学会执行委员，1934 年级共二人，分别为梁寒淡和邝秉仁。[②]

返回澳门。广州复员后，培正于 1945—46 年度下学期迁返广州东山原址。澳门继续开办幼稚园、小学和初中一年级，澳门分校教职员共 27 人，未记邝秉仁的名字。[③]

1947　1947 年度上学期教职员人名表，邝秉仁为该校“教导主任”。[④]

1948　7 月 19 日至 22 日，以教导主任身份，与分校主任赵璧兰一同出席于香港举行之“全校干部人员夏令退修会”。[⑤]

1948 年度上学期教职员人名表，邝秉仁为该校“教导主任”并为“初中高小公民”科老师。[⑥]

6 月 5 日，澳门分校设校十周年纪念。[⑦]

1949　澳门培正同学会“职员”。[⑧]

9 月 9 日召开教职员会议，选定各委员会负责人。有校

---

① 赵利民：《粤北坪石广西桂林培正培道联合中学建校回忆录》，（自刊本，2002 年 2 月），第 10 页。

② 《培正校刊》（广州私立培正中学）14 卷 1 期（1946 年 6 月 1 日），第 6 页。

③ 《澳门小学教职员一览》，《培正校刊》（广州私立培正中学）14 卷 2 期（1946 年 7 月 1 日），第 6、9 页。

④ 《培正校刊》（广州私立培正中学）16 卷 1 期（1947 年 10 月 10 日），第 20 页。

⑤ 《全校干部人员夏令退修会》，《培正校刊》17 卷 1 期（1948 年 10 月 1 日），第 13—14 页。

⑥ 《培正校刊》（广州私立培正中学）17 卷 2 期（1948 年 11 月 5 日），第 3 页。

⑦ 《一九四八年培正大事记》，《培正校刊》（广州培正私立中学）17 卷 4 期（1948 年 12 月 24 日），第 2 页。

⑧ 《培正校刊》17 卷 9/10 期（1949 年 8 月 18 日），第 12 页。资料仅显示 1949 年 7 月 23 日有六十多人出席，会上选出七位“职员”。

务委员会、宗教委员会、学生生活指导委员会、图书馆委员会。其中校务委员会成员：冯棠（主席）、赵璧兰、黄逸樵、邝秉仁、李鉴铉。①

任“教导主任”及“初中公民”科老师。②

1950 冯棠校长于广州病逝，校董会于该年夏天议决粤、港、澳三校应予行政独立。③

1951 澳门培正同学会副主席。④

1952 1952年春得何贤先生及钟子光先生资助，购得卢家花园一部分，计七万二千余平方尺及建筑物一座为永久校址，4月发动募捐建筑新课室，全校员生工友共捐出葡币五千多元。

9月新课室兴工，12月底工程完竣。⑤

教导方式改行班主任负责制。邝秉仁任教英文科。⑥

1953 1月16日，获推选为澳门培正同学会副主席。⑦

1月3日新课室落成典礼。

6月填荷花池扩大运动场，并将校门改向柯高马路。⑧

傅渔冰以校董兼任校长，于2月1日接任。原任教教国文及算术科的巫杰老师任“教导主任”。

开设高中部，只设高一级。⑨

---

① 《培正校刊》（广州私立培正中学）18卷1期（1949年10月10日）第17页。

② 《培正校刊》（广州私立培正中学）18卷1期（1949年10月10日），第5页。

③ 《校史》，《香港培正中学莹社同学录1956》，无页码。

④ 《香港培正同学通讯》19期（1951年3月20日），第5页。

⑤ 《十六年来的澳门培正中学》，《培正校刊》（庆祝培正六十五周年纪念暨圣诞特刊）5卷4期（1954年12月21日），第34页。

⑥ 《培正校刊》3卷1期（1952年9月20日），第5页。

⑦ 《香港培正同学通讯》23期（1953年3月3日），第4页。

⑧ 《十六年来的澳门培正中学》，《培正校刊》（庆祝培正六十五周年纪念暨圣诞特刊）5卷4期（1954年12月21日），第34页。

⑨ 《培正校刊》3卷5—6期（1953年2月20日），第4页。

小六班主任，任教英文科。[①]

1954 任初一班主任。[②]

1955—56 任初三班主任。[③]

1957 1月，获选澳门培正同学会副主席。[④]

任小六班主任，任教初中小学英文科。[⑤]

1958 澳门培正同学会副主席。[⑥]

任事务主任，初三班主任，任教英文科。[⑦]

1959 10月27日主持第一段考教导会议，出任主席，并报告教导处的工作概况。[⑧]

1960 澳门培正同学会副主席。[⑨]

1959年度第二学期教职员一览表，记邝秉仁职务为"事务主任兼教导主任"，任教英文科。[⑩]

1961 澳门培正同学会"联谊"。[⑪]

"教导主任"，任教英文科。[⑫]

1962 澳门培正同学会"联谊"。[⑬]

---

① 《培正校刊》4卷2期（1953年10月14日），第8页。

② 《培正校刊》5卷2期（1954年10月20日），第16页。

③ 《培正校刊》6卷1期（1955年9月15日），第22页；6卷7期（1956年3月20日），第13页；7卷1期（1956年9月20日），第18页；7卷7期（1957年3月20日），第14页。

④ 《培正校刊》7卷5期（1957年1月20日），第12页；《香港培正同学通讯》30期（1957年2月20日），第12页。

⑤ 《培正校刊》8卷1期（1957年9月20日），第16页。

⑥ 《培正校刊》9卷4—5期（1959年1月15日），第32页。

⑦ 《培正校刊》9卷1期（1958年9月20日），第12页。

⑧ 《培正校刊》10卷2期（1959年11月1日），第22页。

⑨ 《香港培正同学通讯》41期（1960年4月9日），第9页。

⑩ 《培正校刊》10卷6期（1960年3月1日），第19页。

⑪ 《培正校刊》11卷6—7期（1961年4月1日），第24页；《香港培正同学通讯》43期（1961年4月5日），第6页。

⑫ 《培正校刊》12卷1期（1961年10月1日），第21页。

⑬ 《培正校刊》12卷5期（1962年3月1日），第19页；《香港培正同学通讯》46期（1962年2月14日），第8页。

校长傅渔冰以体弱多病请辞，获校董会接纳。校董会邀请林子丰出任澳门培正学校监督，主持校政，并组织校务执行委员会执行校务。主席为林湛，副主席为邝秉仁，书记为梁寒淡，委员有韩一英、李元、邝乃良以及李荫宜四人。

林湛即来澳署理校长。[①]

1962 年度起改行五年制，由中一及中二两级开始施行，毕业生可直升香港培正中学六年级。[②]

赴香港培正学索取香港课程资料。[③]

1963　4 月 11—15 日，率领高三真社毕业旅行团到访香港培正中学。[④]

1963 年度第一学期教职员表，林湛为校长，邝秉仁为“教导主任”。[⑤]

9 月 19 日，选出全校教职员会执委首次执委会[⑥]，互选后，负责“灵修”。[⑦]

庆祝救主降生大会，其中两项活动为“中学诗班歌颂”及“中小学联合二百人大诗班大合唱”，由邝秉仁任指挥。[⑧]

1964　3 月 11 日，澳门教育厅副厅长偕同医生、工程师、

---

① 《培正校刊》13 卷 1—2 期（1962 年 10 月 15 日），第 25 页；《培正校刊》13 卷 6—7 期（1963 年 3 月 20 日），第 18 页。

② 《培正校刊》13 卷 1—2 期（1962 年 10 月 15 日），第 25 页。

③ 《培正校刊》13 卷 3 期（1962 年 11 月 15 日），第 26 页。

④ 《培正校刊》13 卷 9—10 期（1963 年 5 月 30 日），第 16 页。

⑤ 《培正校刊》14 卷 1 期（1963 年 10 月 1 日），第 36 页。

⑥ 培正职教员会于 1939 年 6 月成立，于东山时期为“职教员俱乐部理事会”，杨元勋于 1938 年接任澳门培正校长后，于全校教职员茶话会上讨论后成立的。《培正校刊》（迁澳第七号）10 卷 7 期（1939 年 6 月 14 日），第 5 页。

⑦ 《培正校刊》14 卷 2—3 期（1964 年 1 月 10 日），第 36 页。

⑧ 《培正校刊》14 卷 4—5 期（1964 年 3 月 15 日），第 37 页。

华务科长及张贤长等五人往培正视学，由邝秉仁陪同视察全校课室、图书馆、实验室、宿舍，以及幼稚园等场所。①

"教导主任"，任教英文科。②

1964 年度教职员会改选，由邝秉仁任"灵修"。③

11 月 28 日，假香港中区华人行大华酒店举行"培正荫社同学离校卅周年纪念联欢会"。④

1965 筹建"创校七十五周年澳校纪念堂"。⑤

1965 年度教职员会改选，梁寒淡蝉联主席，邝秉仁负责"灵修"。⑥

1965 年度"宗教委员会"委员，共 12 人，林湛为主席。⑦

1966 任"教导主任"。⑧

1966 年度教职员会改选，由邝秉仁、邝乃良、薛力勤任"福利"，徐作任"灵修"。⑨

1966 年应邀列席香港培正中学 1965—66 年度"暑期教学研讨会"，报告澳门培正中学课程。⑩

1967 任"教导主任"。⑪

12 月 23 日，培正同学会"同学日"，并举办年会。⑫

---

① 《培正校刊》14 卷 6—7 期（1964 年 5 月 20 日），第 26 页。
② 《培正校刊》14 卷 8—10 期（1964 年 9 月 30 日），第 43 页。
③ 《培正校刊》15 卷 1—3 期（1964 年 12 月 30 日），第 43 页。
④ 《香港培正同学通讯》58 期（1965 年 4 月 28 日），第 20 页。
⑤ 《培正校刊》15 卷 4—8 期（1965 年 5 月 30 日），第 62 页。
⑥ 《培正校刊》16 卷 1—3 期（1965 年 12 月 15 日），第 46 页。
⑦ 同上。
⑧ 《培正校刊》，17 卷 1—2 期（1966 年 10 月 31 日），第 29 页。
⑨ 《培正校刊》17 卷 3—4 期（1966 年 12 月 20 日），第 43 页。
⑩ 《培正校刊》17 卷 1—2 期（1966 年 10 月 31 日），第 13 页。
⑪ 《培正校刊》18 卷 1 期（1967 年 10 月 15 日），第 24 页。
⑫ 《培正校刊》18 卷 3 期（1967 年 12 月 24 日），第 35 页。

1968　任“教导主任”。

1968 年度教职员会，由邝秉仁任“学术”。[①]

12 月 21 日（星期六）澳门“同学日”校友年会，获选为执委。[②]

1969　复活节期间，充任副领队（林湛为领队）率澳门培正中学男、女篮球队赴港访问。[③]

任“教导主任”。

1969 年度教职员会，由邝秉仁任“灵修”。[④]

1970　任“教导主任”。[⑤]

1971　晋升澳门培正中学副校长，仍兼“教导主任”工作。[⑥]

1971 年度教职员会改选，由伍铭演、周适荣、邝秉仁任“总务”[⑦]

校董会派往美加考察及访问各地校友，为期 100 天。1971 年 9 月 29 日经香港出发，30 日先抵东京访问早稻田大学，10 月 2 日再赴加拿大。10 月 26 日离开满地可，乘机往波士顿。

在美洲途经波士顿、纽约、华盛顿、芝加哥、坎萨斯、三藩市等，另访问、参观美西若干城市。1972 年元月 7 日经檀香山转日本到香港，12 日晚乘华山轮返回澳门。[⑧]

---

① 《培正校刊》19 卷 1 期（1968 年 10 月 15 日），第 29—30 页。

② 同上书，第 50 页。

③ 《培正校刊》19 卷 4 期（1969 年 6 月 25 日），第 37 页。

④ 《培正校刊》19 卷 6 期（1969 年 10 月 30 日），第 23—24 页。

⑤ 《培正校刊》20 卷 1 期（1970 年 11 月 20 日），第 28 页。

⑥ 《培正校刊》20 卷 2 期（1971 年 7 月 20 日），第 32 页；21 卷 1 期（1971 年 10 月 31 日），第 29 页。

⑦ 《培正校刊》21 卷 1 期（1971 年 10 月 31 日），第 28 页。

⑧ 《培正校刊》22 卷 1 期（1972 年 11 月 25 日），第 33、31 页；《邝副校长访问各地校友雪泥鸿爪》，《培正同学通讯》81 期（1972 年 4 月 15 日），第 28 页。

1972　7 月 13 日“创校七十五周年纪念堂”落成启用。[①]

1974　出任校长。

澳葡政府购入卢家花园半部为公园，因扩建计划需划割部分校园，面积约七十余平方公尺。经斡旋，政府允出资建筑校舍一座，一楼为室内活动场所，二楼课室四间。[②]

将教导处分为教务处和训导处，分别由康显扬和黄楚焜出任教务主任和训导主任。[③]

所有课程以香港中学会考及中文大学入学试课程为标准，以香港培正中学教材为依据，经由科务会议商讨，制定“教学纲要”及“进度表”。[④]

培正同学总会顾问。

1975　11 月 7 日，澳门狮子会与香港域多利狮子会联合例会，应邀主讲，题目为“问题学生”。[⑤]

1976　获澳门总督李安道上校任命为第一届立法会议员(1976—1980)。[⑥]

10 月 1 日，应邀往香港培正中学高中部周会演讲，讲题为“红蓝精神”。[⑦]

11 月 18 日召开座谈会，议决组织“扩建校舍筹募委员会”，开始筹募扩建校舍。[⑧]

1977　4 月，何贤先生捐十万元。邝秉仁校长以分期付款方

---

① 《培正校刊》22 卷 1 期（1972 年 11 月 25 日），第 22 页。

② 《培正校刊》24 卷 1 期（1974 年 12 月 15 日），第 26 页。

③ 《培正校刊》24 卷 1 期（1974 年 12 月 15 日），第 26 页。

④ 《培正校刊》24 卷 2 期（1975 年 4 月 28 日），第 10 页。

⑤ 《培正校刊》25 卷 2 期（1976 年 4 月 15 日），第 12 页。

⑥ 《培正校刊》25 卷 4 期（1976 年 10 月 25 日），第 22 页。

⑦ 《培正校刊》25 卷 4 期（1976 年 10 月 25 日），第 12 页。

⑧ 《培正校刊》26 卷 2 期（1977 年 5 月 10 日），第 11 页；《为改善学习环境——母校筹募扩建新校舍》，《澳门培正中学杰社同学录》1977 年，无页码。

式，将薪津节除，捐出课室一间。[①]

1977 年度的开学典礼上，提出四项任务：(1) 继续提高教学质量——教与学均以学生为本位；(2) 加强品德教教育——保持优良传统校风，扑灭歪风；(3) 注意体育锻炼——重视身体健康；(4) 继续改善学习环境。[②]

1977 年 12 月 22 日至 1978 年 1 月 2 日，与香港培正中学校长林英豪、罗怀玉女士（林英豪夫人）、澳门校友部高雁云主任联袂出访星马泰等地，访问旅居当地的校友。12 月 22 日下午经香港出发，即晚飞抵星加坡，25 日飞走吉隆坡，27 日下午槟城，29 日晨赴曼谷，元月 2 日返香港。

澳门培正同学会于 12 月 28 日赴马尼拉。[③]

筹募扩建之五层楼课室落成启用。

1978　4 月 26 日新校舍落成暨培正大楼动土感恩会。

1979　1979—80 年度“澳门培正同学会”顾问。[④]

纪念培正创校 90 周年的“培正大楼”落成。[⑤]

获选为镜湖慈善会第十二届董事。[⑥]

1980　获澳督委任为第二届立法会议员（1980—1984）。

1981　获葡国总统颁授“公共教育文职功绩司令级勋章”。

---

① 《为改善学习环境——母校筹募扩建新校舍》，《澳门培正中学杰社同学录》1977 年，无页码。

② 《培正校刊》26 卷 4 期（1977 年 10 月 25 日），第 11 页。

③ 《培正同学通讯》99 期（1978 年 4 月 20 日），第 38 页。这两个旅程，一为联谊，二则是为筹建澳门新校舍，通讯的报道中见黄慕贞代表澳校报导校务发展，与筹建新校舍概况，然后是马尼拉同学会会长黄文熙（融社）即席认捐，以及各同学的响应支持。

④ 《培正同学通讯》105 期（1980 年 4 月 25 日），第 8 页。

⑤ 《培正校刊》28 卷 1 期（1980 年 10 月 27 日），第 20 页。

⑥ 同上书，第 23 页。

6月10日“葡国日”，澳门总督府举行授勋典礼，由护督江培树上校代总统颁发该项勋章。①

1982　1982年9月30日—12月底，校董会派往美洲视察教育及访问各地校友。

1983　澳门中华总商会七十周年会庆，获颁赠“作育英才”纪念牌。②

3月3日，澳门台山同乡会成立，获推选为名誉会长。③

获选为第六届全国人民代表大会代表。④

1984　创校95周年“纪念堂”落成。⑤

12月14日，荫社金禧晚宴，香港弥敦道金轮酒家三楼。

1985　获澳门总督颁授专职功绩勋章。

9月1日荣休，并获委任为“荣誉校长”，督导校务。⑥

---

① 《培正校刊》28卷4期（1981年6月20日），第16—17页；《培正同学通讯》109期（1981年9月15日），第33—34页。

② 《培正校刊》29卷4期（1983年5月29日），第11页。

③ 同上。

④ 《培正校刊》30卷4期（1985年12月21日），第31页。

⑤ 《培正校刊》30卷2期（1984年11月10日），第31页。

⑥ 《培正校刊》30卷4期（1985年12月21日），第31—32页。

原文出处

回忆及杂录

1. 《坪石培联忆旧》，《培正中学七十周年纪念刊》，（澳门：澳门培正同学会），1959 年 12 月 19 日，第 35—36 页。

2. 《九月十二日早会邝秉仁先生勉同学克服缺点》，《培正校刊》11 卷 1 期（1960 年 10 月 1 日），第 26—27 页。

3. 《一九六八年级仁社成立纪念会讲词》，《培正校刊》11 卷 9 期（1961 年 6 月 1 日），第 22 页。

4. 《偶拾篇》，《培正荫社离校卅周年纪念册》，1967 年，无页码。

5. 《一九六七年度澳校毕业典礼纪盛》，《培正校刊》18 卷 6 期（1968 年 8 月 20 日），第 23 页。

6. 《美加之行——在港同学会月会报告》，《培正同学通讯》82 期（1972 年 8 月 15 日），第 3—4 页。

7. 《澳门培正中学近况》，《华侨报》1974 年 10 月 23 日。

8. 《问题学生》，《华侨报》1975 年 11 月 8 日。

9. 《加强中文教学》，《澳门日报》1977 年 1 月 3 日，第 9 版。

10. 《我对“红蓝精神”的体会》，《培正同学通讯——百期特刊》100 期（1978 年 8 月 10 日），第 5 页。

11.《与澳门培正中学英社同学谈“红蓝精神”》，《澳门培正中学英社同学录》，1978 年，第 244 页。

12.《缅怀东山》，《培正同学通讯——九十周年校庆特刊》104 期（1979 年 11 月 17 日），第 38—39 页。

13.《衷心的感谢》，《澳门培正同学会年刊》（澳门：澳门培正同学会），1984 年，第 21 页。

14.《澳门培正五十年》，《澳门培正同学会澳母校五十周年纪念专刊（1938—1988）》（澳门：澳门培正同学会），1988 年，第 14 页。

15.《培正中学一百一十年》，《澳门日报・学海》第 200 期（1999 年 12 月 5 日）B16 版。又《培正校史简述——培正中学一百一十年之发展》，见《培正同学通讯——培正中学创校一百一十年纪念特刊》（香港：培正同学总会）161 期（2000 年），第 13 页。

赠言

1.《我要说的几句话》，《澳门培正匡社同学录 1951》，澳门：澳门培正中学匡社同学录筹备委员会，1951 年 7 月。

2.《赠言》（1961 年善社），《澳门培正善社同学录》，1961 年。

3.《赠言》（1965 年耀社），《澳门培正耀社同学录》，1965 年。

4.《赠言》（1966 年皓社），《澳门培正皓社同学录》，1966 年。

5.《赠言》（1966 年恒社），《澳门培正恒社同学录》，1966 年。

6.《赠言》（1967 年仁社），《澳门培正仁社同学录》，1967 年。

7.《赠言》（1968 年升社），《澳门培正升社同学录》，1968 年，第 15 页。

8.《赠言》（1969 年谦社），《澳门培正谦社同学录》，1969 年，第 18 页。

9.《赠言》（1970 年刚社），《澳门培正刚社同学录》，1970

年，第 17 页。

10.《赠言》（1971 年贤社），《澳门培正中学贤社同学录》，1971 年，第 15 页。

11.《赠言》（1972 年勤社），《澳门培正中学勤社同学录》，1972 年，第 9 页。

12.《赠言》（1973 年基社），《澳门培正中学基社同学录》，1973 年，第 9 页。

13.《赠言》（1974 年昕社），《澳门培正中学基社同学录》，1974 年，第 11 页。

14.《赠言》（1975 年捷社），《澳门培正捷社同学录》，1975 年。

15.《敏社同学录序》（1976 年敏社），《澳门培正敏社同学录》，1976 年。

16.《赠言》（1977 年杰社），《澳门培正杰社同学录》，1977 年。

17.《赠言》（1978 年英社），《澳门培正英社同学录》，1978 年，第 43 页。

18.《赠言》（1979 年荣社），《澳门培正中学荣社同学录》，1979 年，第 10 页。

19.《赠言》（1982 年骏社），《澳门培正骏社同学录》，1982 年，第 25 页。

20.《赠言》（1983 年凯社），《澳门培正凯社同学录》，1984 年，第 14 页。

21.《赠言》（1985 年博社），《澳门培正博社同学录》，1985 年，第 15 页。

校务报告

1.《第一段考教导会议——教导处报告本段教导概况》，

《培正校刊》10卷2期（1959年11月1日），第22页。

2.《教导会议》，《培正校刊》第10卷7—8期（1960年4月20日），第24—25页。

3.《举行第二段考教导会议》，《培正校刊》10卷9期（1960年6月1日），第23—24页。

4.《学期终结举行教导会议》，《培正校刊》10卷10期（1960年7月15日），第26—27页。

5.《邝主任在末次周会报告："一学期来的教导工作概况"》，《培正校刊》11卷5期（1961年2月1日），第19—20页。

6.《邝主任在学期终结教导会议作半年来教导处工作报告》，《培正校刊》12卷5期（1962年3月1日），第19—20页。

7.《校务报告》，《澳门培正同学会年刊》（澳门：澳门培正同学会），1979年，第37页。

8.《校务报告》，《澳门培正同学会年刊》（澳门：澳门培正同学会），1980年，第26页。

9.《校务报告》，《澳门培正同学会年刊》（澳门：澳门培正同学会），1981年，第33页。

往来书信

1.《陈恩美致林署理校长、邝主任、各位老师、各位同学》（1962年12月24日），《培正校刊》13卷6—7期（1963年3月20日），第14页。

2.《邝秉仁致周公谅、高雁云》（1971年10月12日），《培正同学通讯》80期（1971年11月20日），第5页。

3.《邝秉仁致周公谅、高雁云》（1971年11月1日），《培正同学通讯》81期（1972年4月5日），第40—41页。

4.《苏元济致邝秉仁》(1973 年 2 月 9 日),《培正同学通讯》85 期(1973 年 8 月 20 日),第 27—28 页。

5.《1934 荫社港社友致澳社友书》(1976 年 6 月 26 日),《培正同学通讯》96 期(1977 年 4 月 10 日),第 43 页。

6.《陈继明致邝秉仁》(1977 年 7 月 11 日),《培正同学通讯》97 期(1977 年 8 月 10 日),第 44 页。

7.《李纪麟致邝秉仁》(1978 年 10 月 17 日),《培正同学通讯》101 期(1978 年 11 月 18 日),第 68 页。

8.《林思显致邝秉仁》(1979 年 11 月 21 日),《澳门培正同学会年刊》,(澳门:澳门培正同学会),1979 年,第 38 页。

9.《邝秉仁致赵利民》(1981 年 4 月 29 日),《一九四四至一九八四培正昭社同学毕业四十周年纪念特刊》,第 259 页。《红黄诗选》第二辑代序。

10.《赵利民致邝秉仁——忆坪石培联》(1981 年 11 月 1 日)(节录),《澳门培正同学会年刊》(澳门:澳门培正同学会年刊),1981 年,第 40—41 页。

11.《邝秉仁致周、康、薛、黄诸弟——邝校长游美加》(1982 年 11 月 16 日),《澳门培正同学会年刊》(澳门:澳门培正同学会),1982 年,第 40 页。

12.《李鹤龄致邝秉仁——荫社同学近况》(1982 年 10 月 1 日),《澳门培正同学会年刊》(澳门:澳门培正同学会),1983 年,第 80 页。

13.《黄高惠珠致邝秉仁——母校温情难以斗量》(1983 年),《澳门培正同学会年刊》(澳门:澳门培正同学会),1983 年,第 80—81 页。

编 后 记

澳门大学教育学院的“澳门教育人物志”工作会议于2006年初正式召开，由院长单文经教授和前任副院长杨秀玲教授领衔，而采编工作则由几位于文史有研究兴趣的同仁承担。邀请作访问的名单拟好后，同仁也就分工合作，肩起这项使命。编者得到澳门培正中学荣休校长邝秉仁先生的同意后，便随杨秀玲、郑润培、张伟保诸位老师于2006年5月18日拜访邝秉仁先生。就是这样，我们和秉仁先生先后有六次访谈。其后，编者又与秉仁先生商议借出个人珍藏，供展览之用。2007年1月26日，在澳门大学的国际图书馆，教育学院举办了“澳门教育史文献暨梁披云、杜岚、邝秉仁资料展”，展示同仁为“澳门教育人物志”工作奋斗的成果。

秉仁先生年逾九秩，在接受访问的时候，关于培正的沿革和许多往事，娓娓道来，给编者上了一门宝贵的历史课。每次访谈约一小时，我们就如闲话家常，尽量轻松，以免秉仁先生过度劳累。追惟往事，毕竟也是相当费神的事情，所以编者首次与秉仁先生访谈后，便陆续准备些图片和文字资料，以助秉仁先生忆述其经历。在过去多次的访谈中，秉仁先生都如数家珍般地给这些照片和资料作了说明，编者也惊叹一位年逾九秩高龄老人的超强记忆力，于此亦可见秉仁先生和培正的深厚感情。在此，编者要感谢澳门培正中学的鼎力襄助。前任校长李祥立先生（已退休）

慨允教育学院的请求，在吕晓白主任的协助下，让编者在该校校史室大量检阅和拍摄相关的材料。

书稿杀青前，承陈志峰先生居中安排，得现任校长高锦辉先生慨允选用该校馆藏珍贵照片作本书的插图，并在校中室检得三篇新的资料。谨此致以十二万分的谢意。

除了澳门培正中学的校史室外，编者在广州培正校史博物馆和广州中山图书馆，也检阅了相当数量的资料，谨此向广州培正中学前任副校长朱素兰女士，以及广州培正同学会的廖汉年先生致以谢意。此外，编者又曾在香港、上海、南京等地的图书馆，补足了一些材料。这些材料，除了是校订访问稿的可靠文献外，也是编写秉仁先生生平大事记的原材料。袭用钱锺书先生说的那句话，“假使人生是一部大书”，这本小书只能算是初步的整理，还留下好多空白，为便后续的研究，生平大事记上的资料都尽量加注，文辑也附有出处。至于蒐集下来的资料，编者因利乘便，先后完成《培正和邝秉仁先生》和《从培正学校看民国时期广东的童子军活动》这两篇文章，并分别于第一届（2007 年 1 月 27—28 日）和第二届（2008 年 4 月 5—6 日）“两岸四地教育史研究论坛”上宣读。这也算是编者整理资料的一点成果。

从 2006 年 5 月开始，迄今刚好是三个年头。教育和研究，原是细水长流的功夫，并非一蹴而就。蒋涛和宋莹同学先后负责部分统筹的工作，而李妙玲同学一直协助编者拍摄资料和誊写录音记录，又负责打字和校对等工作，今年她要毕业了，祝她前程锦绣。

本书付梓出版，欣逢培正 120 周年校庆，谨缀数言，以志始末。

郑振伟于澳门大学教育学院

2009 年 5 月